BUQUEDING HUANJING XIA JIYU IS ZIYUAN DE QIYE
DONGTAI NENGLI TISHENG YANJIU

不确定环境下基于IS资源的企业动态能力提升研究

张振森 著

吉林大学出版社
长春

图书在版编目（CIP）数据

不确定环境下基于 IS 资源的企业动态能力提升研究 / 张振森著 . —长春：吉林大学出版社，2019.4
ISBN 978-7-5692-4777-0

Ⅰ.①不… Ⅱ.①张… Ⅲ.①企业管理－研究 Ⅳ.①F272

中国版本图书馆 CIP 数据核字（2019）第 103157 号

书　　名	不确定环境下基于 IS 资源的企业动态能力提升研究
	BUQUEDING HUANJING XIA JIYU IS ZIYUAN DE QIYE DONGTAI NENGLI TISHENG YANJ
作　　者	张振森 著
策划编辑	李承章
责任编辑	安　斌
责任校对	魏丹丹
装帧设计	上师文化
出版发行	吉林大学出版社
社　　址	长春市人民大街 4059 号
邮政编号	130021
发行电话	0431-89580028/29/21
网　　址	http://www.jlup.com.cn
电子邮箱	jdcbs@jlu.edu.cn
印　　刷	长春第二新华印刷有限责任公司
开　　本	880mm×1230mm　1/32
印　　张	5.25
字　　数	150 千字
版　　次	2020 年 2 月　第 1 版
印　　次	2022 年 8 月　第 2 次
书　　号	ISBN 978-7-5692-4777-0
定　　价	36.00 元

版权所有　翻印必究

前　言

处于一个日益复杂且被冠以"超级竞争"和"动荡"的世界中，企业希望获取并保持竞争优势，不仅需要将自身现有的资源和能力充分利用，还需要适时调整其资源组合、开发新的资源和能力以应对环境的不确定性，这就是动态能力理论，其近年来出现后迅速在战略管理领域扮演一个非常重要的角色。在动态能力理论中，企业这一研究主体被置于不确定环境中，因而该理论的研究更加符合企业的生存现实。这一理论提出后很多学者从动态能力性质、产生、发展等方面以及动态能力对于企业长期的竞争优势的影响作用进行了深入的探讨，但需要指出的是此类研究中动态能力仍具有不易操作性和难以验证性。已有相关文献从战略层次上来洞察企业应该如何成功配置和快速有效地管理稀缺资源，但是很少有文献从企业信息化视角来研究动态能力的构建与提升。基于此，形成本书研究的基本问题：在不确定环境下，企业如何获取和提升自身的动态能力？

能力的构建由许多因素引起，企业信息化建设就是其中的一个重要方面。本书通过回顾信息系统领域内已有的动态能力理论应用研究，发现其中部分关注企业IT/IS（信息技术/信息系统）应用对动态能力提升的影响，建立动态能力改善的研究框架，并对框架的各个组成部分之间的关系进行分析。但是这样的研究仍属于少数，虽然国内外的学者们进行了一些有益的探索，但分析结论和目前对动态能力理论理解的主流趋势仍有一些偏差。本书认为企业在信息化进程中不断累积的信息系统资源是促进企业能力培育与发展的重要方面。

基于现实背景和理论背景,可以将研究的基本问题更进一步分解为三个更具体的问题:问题一:企业动态能力的内涵是什么,如何测量动态能力;问题二:企业 IS 资源是否是动态能力提升的重要来源;问题三:环境不确定性在 IS 资源对于动态能力提升的影响关系中起什么作用。

本书通过文献综述、理论分析和问卷调查,应用规范分析和实证研究相结合的方法,对于在不确定环境下基于信息系统资源视角的企业动态能力提升这一基本问题进行了分析。针对研究提出的问题一,本书首先提出应用研究如何使组织能够应对不断变化的环境的生存系统模型理论作为指导,从理论上和实证探讨动态能力的内涵与构成维度及其内在联系;对于问题二,依据对现有文献的综述分析,本书构建了基于信息系统资源视角的动态能力发展研究模型,然后应用问卷分析进行验证;对于问题三,借鉴现有文献的研究结果,将环境不确定性变量划分为环境动态性和环境敌对性两方面,实证分析其在 IS 资源与动态能力提升的作用机制中所起的作用。

通过上述三个问题的分析,本书主要得出以下结论:

(1) 动态能力内涵的剖析:五维度模型。

动态能力是一个多维度、多层面的研究框架,在文献分析和生存系统模型理论指导下,本书认为动态能力内涵可描述为企业适应环境变化过程中,动态更新其战略,通过与环境进行资源交互、内部整合、外部协调及组织学习形成系统地解决问题的潜力。动态能力是一个通过战略更新能力、组织学习能力、运行控制能力、关系协调能力和资源整合能力协同工作的"生存系统",得到实证支持。

同时实证结果还表明,动态能力是一个能力整合系统,各个维度之间存在着有机联系。五种能力存在相互作用、相互促进的关系,动态能力在五种能力的相互促进过程中不断提升与演化。

(2) IS 资源是不确定性环境下企业动态能力提升的重要来源。

首先，实证结果表明，IS 资源在总体上对动态能力有积极的显著影响，并且按照对 IS 资源的划分，其中由外而内的 IS 资源和跨越的 IS 资源与动态能力的正向相关关系得到了验证，但是由内而外的 IS 资源的影响并不显著。其次，IS 资源对于企业动态能力提升的影响作用还通过互补性资源——流程融合的中介作用实现。详细来说，流程融合对于由外而内的资源与动态能力间关系中存在部分中介效应；对于跨越的资源与动态能力间关系属于完全中介效应；而对由内而外的资源与动态能力间关系的中介效应不成立。

（3）IS 资源对企业动态能力提升中的作用机理进一步原因分析：IS 资源易模仿性和易替代性存在显著不同。

不论是易模仿性和易替代性，IS 资源中由外而内的 IS 资源与跨越的 IS 资源没有显著不同，但是这二者都显著不同于由内而外的 IS 资源，即具有较低程度的易模仿性和易替代性。而这正是各项 IS 资源在企业动态能力提升中体现出不同的作用机理的深层次原因。

（4）环境不确定性是 IS 资源对企业动态能力提升影响关系的调节变量。

实证结果表明，环境不确定性变量分解为环境动态性和环境敌对性两个因子，并且环境动态性和环境敌对性两个因子在 IS 资源对企业动态能力提升影响关系中均起到正向的调节作用，即 IS 资源对动态能力的影响作用在环境越是动荡、越是敌对的条件下会显著增强。

本书主要的创新点体现在：（1）依据生存系统模型和已有文献，提出动态能力的内涵及维度构成，并实证验证了动态能力五维度相互联系的内在机理；（2）IS 资源可以通过直接驱动方式和间接方式即通过互补性资源——流程融合的中介作用对动态能力提升产生影响，不同 IS 资源的易模仿性和易替代性差异是其在对动态能力影响作用表现差异的内在原因；（3）厘清环境不确定性在 IS 资源对于企业动态能力提升影响关系中起到的是调节作用。

总之，本书研究的理论分析与实证结果具有重要的理论贡献和管理启示作用，为企业在不确定环境下从 IS 资源视角构建和提升自身动态能力做了有益探索。

张振森

2019 年 1 月于青岛

目录

第1章 绪 论 ··· 1
1.1 选题背景及问题的提出 ··· 1
1.2 研究目的及意义 ··· 3
1.3 研究方法 ·· 4
1.4 技术路线与结构安排 ·· 5
1.5 本研究的创新点 ··· 8

第2章 文献综述与理论基础 ··· 11
2.1 企业动态能力研究综述 ··· 11
2.2 企业 IS 资源及动态能力理论在 IS 领域应用评述 ············ 23
2.3 不确定环境文献综述 ·· 38
2.4 管理控制论——生存系统模型 ····································· 41
2.5 本章小结 ·· 43

第3章 动态能力内在机理及不确定环境下
基于 IS 资源的企业动态能力研究模型 ·························· 45
3.1 基于生存系统模型的动态能力内涵 ······························ 46
3.2 基于生存系统模型的动态能力维度划分 ······················· 47

1

  3.3 动态能力维度间关系的内在机理 ·········· 49

  3.4 不确定环境下动态能力提升研究模型——IS 资源视角 ·········· 51

  3.5 本章小结 ·········· 67

第 4 章 研究设计与过程 ·········· 68

  4.1 研究设计 ·········· 68

  4.2 问卷设计与发放、收集过程 ·········· 69

  4.3 问卷变量的测量 ·········· 71

  4.4 本章小结 ·········· 76

第 5 章 基于生存系统模型的企业动态能力体系实证分析 ·········· 78

  5.1 实证统计分析研究 ·········· 78

  5.2 结果讨论 ·········· 83

  5.3 动态能力在企业开放式创新平台中应用分析 ·········· 90

  5.4 本章小结 ·········· 98

第 6 章 不确定环境下基于 IS 资源的企业动态能力提升实证研究 ·········· 99

  6.1 基于 IS 资源的动态能力提升实证结果 ·········· 99

  6.2 IS 资源的属性分析 ·········· 112

  6.3 环境不确定性的作用分析 ·········· 116

  6.4 结果讨论 ·········· 124

  6.5 本章小结 ·········· 127

第 7 章 结论与展望 ·········· 128

  7.1 本研究主要结论 ·········· 128

7.2 理论意义与管理启示 ································· 132

7.3 研究局限与展望 ····································· 137

参考文献 ··· 138

附　录 ··· 151

后　记 ··· 156

第1章 绪 论

1.1 选题背景及问题的提出

探寻竞争优势的来源一直是战略管理研究的主题。1990 年 Prahalad 和 Hamel 的《企业核心能力》一文面世，在此之后核心能力理论引领战略管理领域学术界和实业界的潮流，并得到快速发展。但随着研究的不断深入，学者们开始认识到核心能力的局限性，如学者 Barton L.（1992）分析了核心能力理论中容易引起的能力的核心"刚性"问题。这一局限性促成了战略管理领域另一重要分支——动态能力理论（Dynamic Capabilities）的发展和重视。

动态能力由 Teece 和 Pisano（1997）首先提出，他们认为动态能力能够使企业面对环境变化对其现有资源做出调整和整合进而具备长期的竞争优势。在动态能力理论中，企业这一研究主体被置于不确定环境中，因而该理论的研究更加符合企业的生存现实。现有的动态能力研究从动态能力性质、产生、发展等方面以及动态能力对于企业长期的竞争优势的影响作用进行了深入探讨，但需要指出的是此类研究中动态能力仍具有不易操作性和难以验证性。就像 Zahra 等（2006）所说的，"已有的动态能力研究对于实证研究和测量仍然缺乏较统一的理解"，现有动态能力研究处于百家争鸣的状态，对于其维度划分等内容仍未达成一致共识。

能力的构建由许多因素引起，企业信息化建设就是其中的一个重要方面。从现有的从信息系统领域中设计动态能力理论的应用研究可以发现，对于分析企业的 IT/IS 应用是否有利于动态能力的提升和构建的相关文献非常少,而且主要应用理论分析或者极少通过案例研究的方法进行。由于对于动态能力内涵理解和可操作性上与主流研究趋势的偏差,本书认为非常有必要从信息化角度对企业动态能力的构建与提升展开研究,同时本书基本观点信息系统(IS)资源能够渗透、整合企业的业务流程和商业模式,是影响企业能力提升的重要因素。

基于现实背景和理论背景,本书的基本研究问题就是:在不确定性环境中企业如何提升自身的动态能力?更进一步可以将基本研究问题分解为三个更具体的问题:

(1)问题一:企业动态能力的内涵是什么,如何测量动态能力

对于问题一,意味着对于动态能力的可操作性进行研究。近年来许多学者做了大量有益的工作,现今动态能力研究领域处于百家争鸣的状态,但对其内涵和维度划分尚未达成一致。总的来说,目前对动态能力的构成维度研究还处于探索阶段,相关维度划分的分析缺乏对于企业内部与环境相联系的整体的、系统的研究。

(2)问题二:企业 IS 资源是否是动态能力提升的重要来源

关于这一个问题,即企业是否可以通过获取或者积累 IS 资源来达到提升自身动态能力的效果。本书认为,需要对 IS 资源确切考量并进一步分析 IS 资源其影响作用的内在机理,如直接影响作用还是通过其他资源间接作用于企业动态能力提升。

资源基础观理论提出,企业的资源具有价值性、稀缺性、独占性、不易迁移性、不易模仿性和不易替代性等,对于 IS 资源也不例外。根据 Peteraf(1993)对资源属性的分类,不易模仿性和不易替代性对应着企业在赢得一定的比较优势之后,为继续赢得或者维持竞争优势而需要不断获取的资源的属性。本问题的另一方面就是不同属性的 IS 资源在对企业动态能力提升的影响作用中是否存在差别?内在原因是什么?

(3)问题三:环境不确定性在 IS 资源对于动态能力提升的影

响关系中起什么作用

与相对稳定的环境相比,在一个快速变革、不断动荡的环境中,企业更需要不同的资产和能力以获取更优的绩效(Eisenhardt 和 Martin 2000；Teece 等.1997；Volberda 1996)。在一个相对稳定的商业环境中,管理者的大量精力都投向如何为企业产生竞争优势。因此,环境不确定性是需要考虑的一个非常重要的因素,而且对于环境不确定性究竟是驱动变量还是调节变量仍未取得一致意见。因此对于环境不确定的清晰界定和其对于 IS 资源与企业动态能力之间影响关系中扮演的角色是重要问题之一。

1.2 研究目的及意义

随着企业越来越广泛地采纳和越来越深入地应用 IT/IS 产品,企业的各项 IT/IS 资源逐步与企业的业务流程、管理模式相互渗透、融合,促进或形成新的组织能力,成为企业竞争优势的基础。要深刻地理解 IS 资源在企业能力特别是企业动态能力构建过程中是否产生影响以及产生何种影响,需要对其进行深入剖析。因此本书的研究目的之一就是界定动态能力的内涵、维度划分以及各个维度间的内在联系,以使这一研究构念更具有可操作性；明确 IS 资源在动态能力提升过程中的作用机理,直接还是间接影响、不同属性的 IS 资源在这一影响作用中是否起到相同效果；进一步澄清环境不确定性在 IS 资源与企业动态能力提升过程中扮演的角色的争论。

对照研究目的,本书研究可以在理论和管理实践中体现如下的价值和意义：

(1) 理论意义

本书通过生存系统模型的指导,在现有文献基础上进一步梳理动态能力内涵与维度划分,特别是在生存系统模型指导下对动态能力各个维度之间相互关系的内在机理分析与实证研究是对动态能力理论的有益补充,同时也进一步丰富了管理控制论——生存系统模型在组织设计与诊断之外的新的应用指导领域,是本书研究的理论意义之一。

而对于 IS 资源与企业动态能力提升之间的作用机理研究，对于丰富动态能力视角下 IS 资源的研究有一定意义，同时对于 IS 资源属性的分析和 IS 资源的互补性资源的讨论起到积极作用。

最后，对于环境不确定性的角色，一些学者认为环境不确定性是动态能力的驱动因素，另一些则认为环境不确定性是动态能力与绩效的关系之间的调节变量。本书的研究有助于澄清环境不确定性在 IS 资源与企业动态能力提升过程中扮演的角色的争论。

（2）实践意义

从企业信息化特别是 IS 资源视角，探讨企业动态能力提升、企业信息化实践进程迫切需要相关理论的指导。

①通过对 IS 资源与企业动态能力提升的影响关系研究，探讨企业是否可以通过获取和积累 IS 资源提升其动态能力来应对环境不确定性，以及不同的 IS 资源是否同等对待还是有所侧重。

②企业信息化建设，IS 资源的获取与积累是否需要其他互补性资源才能体现其对自身动态能力提升的影响，企业可以从哪些方面发展互补性资源。此外，在环境不确定性程度高的条件下是否仍需要进一步关注 IS 资源与互补性资源的获取与积累等问题，希望通过本研究提供实践指导。

1.3 研究方法

本书针对企业动态能力的内涵与维度划分，基于企业 IS 资源的动态能力提升机制，企业动态能力系统演化等问题进行分析，涉及资源基础观、动态能力理论、IS 资源理论、管理控制论中的生存系统模型理论等相关理论以及环境不确定性等研究的文献。本研究将综合运用文献研究、规范分析和实证研究的方法，提出问题、分析问题，得出研究结论，以确保结论的合理性和科学性。

具体而言，通过文献综述和理论分析，建立动态能力内涵与维度划分，IS 资源与企业动态能力影响关系的研究框架，以及企业动态能力驱动力系统体系和作用机理；通过实证研究方法来验证所提出的研究模型、研究框架的有效性，进而结合管理实践提出合理的实践指导等建议。

(1) 文献综述

文献研究是对特定研究领域内相关的各种文献的系统评价和分析，据此了解这一领域的研究现状和进程。本书将通过文献综述的方式提出本书的研究主题，并在总结以往研究成果的基础上定义研究的问题，并反映研究问题的价值。

文献综述是提出研究问题，并阐明问题可行的研究思路的基础。本研究将在第二章从企业动态能领域、企业 IS 资源与动态能力相互关系领域以及不确定环境领域等梳理已有文献，并总结已有研究的结论和可行的研究思路。

(2) 规范分析

规范分析是一种常用的定性研究方法，研究者从自身的兴趣出发，不断思考如何收集信息、分析数据和应用材料，进而探索和建立理论研究框架。本研究一方面将组织控制论中的生存系统模型作为指导，分析企业动态能力的内涵，构建维度划分与维度间关系的概念模型；另一方面探讨构建基于 IS 资源的企业动态能力驱动力系统的体系，定性分析驱动力因子的作用机理与因子间交互影响。

(3) 实证研究

实证研究方法通常使用结构化的问卷获取被测对象的经验数据，并通过统计方法验证假设或概念模型。本研究对于通过理论分析阶段建立的基于生存系统模型的企业动态能力维度划分、企业动态能力维度之间的关系以及 IS 资源对企业动态能力的影响关系等概念模型，运用了实证研究的方法，同时也验证了相关理论的适用性。

1.4 技术路线与结构安排

1.4.1 技术路线

技术路线是整体规划，指导研究从主题、思想到得出科学的结论的全过程。本研究从数据准备、资料整理到写作的过程中，将结合应用定性分析与定量分析方法展开。

研究技术路线如图 1-1 所示，本书在文献研究的基础上，提出研究的基本问题，并通过规范分析对研究问题进行分解，得出动态能力内涵、基于 IS 资源的动态能力提升研究与环境不确定性的影响作用等研究内容，最后在实证研究的验证下得出研究结论，并阐述本书研究不足。

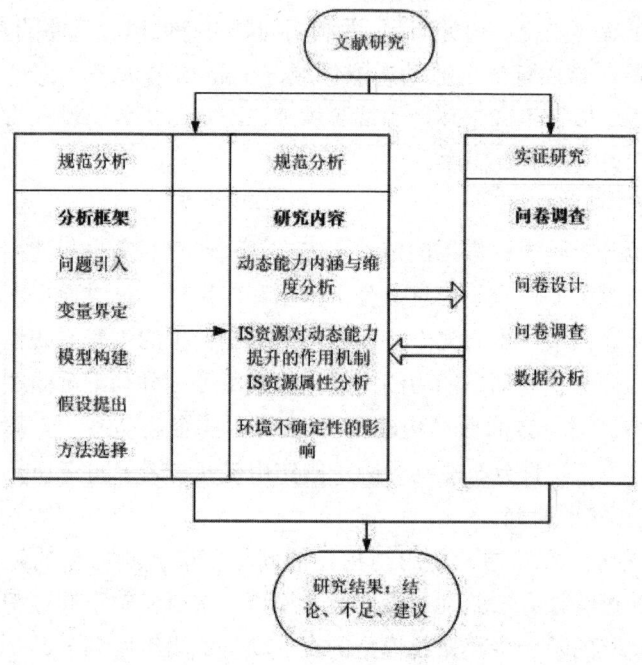

图 1-1 研究的技术路线

1.4.2 结构安排

按照图 1-1 技术路线与逻辑思路，本书将按照如图 1-2 所示的结构展开论述。

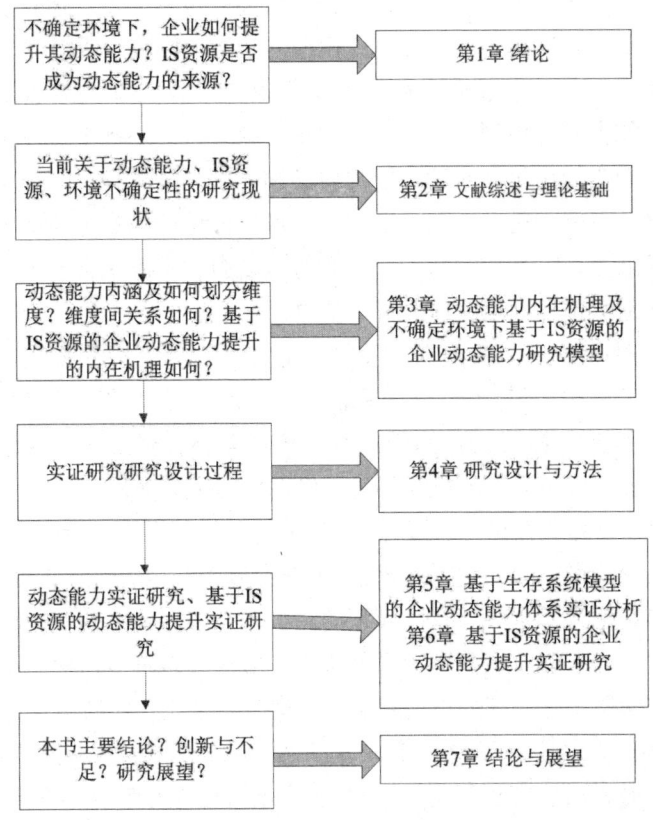

图 1-2 章节结构安排

第 1 章为绪论。确定本书研究的主要问题，即在不确定环境下企业如何提升自身动态能力。研究问题来自具体的现实实践和理论研究的局限。在这一基本问题的基础上，分解为三个更为具体的子问题：问题一，企业动态能力的内涵是什么，如何测量动态能力；问题二，企业 IS 资源是否是动态能力提升的重要来源；问题三，环境不确定性在 IS 资源对于动态能力提升的影响关系中起什么作用。

第 2 章为文献综述与理论基础。围绕研究问题，首先对企业动态能力理论研究、基于资源基础观的 IS 资源研究进行文献梳理与评述，然后对环境不确定性研究进行综述，最后简要描述管理控制论的一个重要模型——生存系统模型的基本内容和应用概述。

第3章是动态能力内在机理及不确定环境下基于IS资源的企业动态能力研究模型。本章在第2章文献分析的基础上，以生存系统模型为指导理论，对动态能力内涵和维度划分进行详细分析。本章提出动态能力是一个五维度模型，可以分解为战略更新能力、组织学习能力、运行控制能力、关系协调能力和资源整合能力五个维度，并剖析每个维度的内涵特征及内在联系。

进而提出基于IS资源的企业动态能力提升研究模型。本章在文献基础上提出基于IS资源的企业动态能力提升的研究模型，内在机理中包含IS资源的直接影响与通过互补性资源——流程融合的间接影响以及资源属性和环境不确定性的影响分析。

第4章为研究设计与过程。本章描述了实证研究的设计与过程，并对问卷的设计、问卷中各个变量的测量题项等内容进行详细分析。

第5章为基于生存系统模型的企业动态能力体系实证分析。对第3章中动态能力体系进行实证研究，形成具有可操作性的动态能力测量模型，并详细分析动态能力各维度间可能存在的相互关系。

第6章为基于IS资源的企业动态能力提升实证研究。本章对第4章提出的研究框架进行实证分析，实证结果包括IS资源对于企业动态能力影响作用的内在机理——直接影响和流程融合的中介作用以及不同属性的IS资源的影响作用分析和环境不确定性在这一影响关系中的角色检验。结果表明，IS资源是企业动态能力提升的重要来源、环境不确定性在IS资源与动态能力的影响关系中起到调节作用。

第7章为结论与展望。本章阐述全书的主要研究结论，并对可能的理论贡献和对管理实践的启示进行总结，同时指出研究不足与以后的研究方向。

1.5 本研究的创新点

本书的研究内容与已有研究相比，主要贡献和创新点总结如下：

(1) 提出动态能力的内涵与维度划分——五维度整合模型。

本书中动态能力总体的维度划分是依据组织控制论中的生存系统模型的理论支持，具体维度的问卷设计过程参考了动态能力方面的经典文献。组织控制论，正如生存系统模型所体现出来的一样，提供了一个普遍性的模型，其着力于分析组织中那些对于提升生存能力不可或缺的方面，而组织被认为能够对其环境产生影响并且对环境进行适应。因此，依据生存系统模型分析得到的企业动态能力所应具备的维度是企业在动态环境中保持竞争优势所应展现的关键特征，是不可或缺、相互依存的，实证分析的结果一方面支持了维度划分的合理性，同时也说明了应用组织控制论（更具体来说是生存系统模型）来分析企业动态能力是适用的，符合国内企业的具体情形。

本书中的研究结论并不与国内外学者的实证研究的结论完全相悖，而且与部分实证结果存在相一致的情况。比如曹红军等（2009）将动态能力划分为动态信息利用能力、资源释放能力、内部整合能力、外部协调能力以及资源获取能力 5 个维度。焦豪等（2008）文中实证过程表明动态能力可以表达为环境洞察力、技术柔性与组织柔性以及变革更新能力四个相应的构成维度。这些情况可以表明本书研究能够在前述研究人员的基础上得出一些相对具有普适性的结论，揭露出动态能力研究的普遍性结论。另外，本书中通过文献基础上的基于生存系统模型理论指导，以及实证研究得出的动态能力五维度间的相互影响关系，验证了依据生存系统模型确定的动态能力维度的结构与相互作用，这是本书研究的一个贡献和创新。

(2) 明确了 IS 资源在动态能力提升过程中的作用机理。

IS 资源是不确定性环境下企业动态能力提升的重要来源。IS 资源可以直接对动态能力提升起到显著影响作用，而且还可以通过互补性资源——流程融合的中介作用对动态能力提升产生影响。

更进一步，通过对 IS 资源的属性——不易模仿性和不易替代性的分析可以得出，具备更高程度不易模仿性和不易替代性的由外而内的 IS 资源和跨越的 IS 资源是在动态能力提升影响关系中的作用都是显著的,而相对易于模仿和易于替代的由内而外的 IS 资源的作用不显著。

这对于丰富动态能力视角下 IS 资源的研究有一定意义,同时对于 IS 资源属性的分析和 IS 资源的互补性资源的讨论起到积极作用。

(3) 澄清了关于环境不确定性在 IS 资源与企业动态能力提升过程中扮演的角色的争论。

一些学者认为环境不确定性是动态能力的驱动因素,另一些则认为环境不确定性是动态能力与绩效的关系之间的调节变量。本书采纳 Baum 和 Wally(2003)、张映红(2008)、李大元(2011)等的观点,将从环境动态性和环境敌对性两个维度来描述环境不确定性变量,并分析了其对 IS 资源与动态能力间关系的作用机制,发现环境不确定性的两个因子分别均是 IS 资源对动态能力影响关系、流程融合对动态能力的影响关系和 IS 资源对流程融合影响关系的调节变量。

第2章 文献综述与理论基础

2.1 企业动态能力研究综述

纵观目前有关企业动态能力的研究文献,研究范围大致涉及企业动态能力理论的内涵、影响因素、演化机理;动态能力的维度构成及各维度的可操作性测量;动态能力与企业绩效或竞争优势的关系等多个方面。本章将对动态能力已有文献进行梳理,进一步对动态能力的内涵、影响因素和构成维度等研究已取得的成果和存在的问题进行归纳和总结。

动态能力理论是在演化经济学、资源基础观理论以及核心能力理论的基础上发展起来的,企业这一研究主体被置于不确定环境中,因而该理论的研究更加符合企业的生存现实,引起学术界和管理实践对其的广泛关注。

2.1.1 企业动态能力理论的发源与兴起

20世纪50年代以来,不同学者基于自己的背景和视角,对战略的本质和形成过程提出了不同的观点和看法,出现了战略管理"理论丛林",企业动态能力理论就属于该"理论丛林"中。

企业动态能力理论的思想可追溯至早期的一些经济学文献中。著名经济学家马歇尔提出的能力"协调和整合"的观点,可以认为是企业动态能力理论的萌芽。随后,Penrose提出"企业内在成长论",将企业行为的分析从静态转为动态。Richardson第一个提出企业能力概念,用能力来指企业的经验、技能和知识,有动力机制和过程倾向,是动态能力思想萌芽的又一重要体现。他们的工作为动态能力理论的形成及兴起做了充分的思想准备。

企业动态能力的理论基础是演化经济学、资源基础理论、核心能力理论和组织学习理论。

(1) 演化经济学

演化经济学注重对"变化"的研究,强调时间与历史在经济演化中的重要地位。该理论认为企业在动荡的环境中如何行动是解释经济变迁的前提,企业把已有的知识储存在已形成的惯例中,并在竞争过程中搜寻新的惯例。企业的行为可以由它们使用的惯例来解释。这样的企业是动态的,永远处于发展之中。演化经济学详细分析了企业能力产生和演化的机制,被认为是企业动态能力理论的核心基础。

(2) 资源基础理论

在资源基础理论中,公司被看作是一个特殊的单元:一个单独的、组织的异质资产集合,随着时间的流逝创造、发展、更新、演化和提高资产异质性,进而创造价值。虽然它提到公司随着时间创造与更新资产异质性,但是,资源基础理论对于竞争优势的探寻着重关注企业内部,属于静态环境下的分析理论,缺乏对资源产生过程的分析 (Foss, 1997),无法解释在动态变化的市场条件下,企业长期竞争优势的来源。

(3) 核心能力理论

Prahalad 和 Hamel 在对佳能、福特、飞利浦等许多知名公司进行跟踪调研后,于 1990 年首先提出了著名的核心能力理论,提出了企业资源和能力的发展性观点。资源发展性是指随着企业发展与外部资源环境的变化,企业资源具有自身适应性的不断完善与提升以及特征变化的特性。具体表现在两个方面:一是企业资源能够根据企业发展需要而进行适应性的自我完善,企业资源价值创造力具有随使用频率的增加以及在时效范围内随时间增加而日臻完善的特性,企业价值创造力也就会得到相应程度的提高;二是企业资源具有再生繁殖能力，能够通过自身价值创造力的发挥，通过资源关系的拓展创造出新型的企业资源。

虽然学者们对核心能力理论的研究取得了很多成果，但核心能力存在核心刚性问题，导致核心能力贬值。

（4）组织学习理论

组织学习理论认为动态能力是学习和稳定的集体行为模式，通过这种模式，组织系统地产生和改进它的运营惯例以寻求业绩的不断提升。

以上理论都为动态能力理论的发展奠定了坚实的基础，动态能力理论以演化经济学、资源基础理论、核心能力理论及组织学习理论等为支撑，并在这些理论基础上进行拓展和创新，典型的代表人物有 Teece，Pisano，Zollo，Winter，Eisenhardt，Martin 等。

2.1.2 企业动态能力的内涵

Teece 等（1997）在资源基础观理论的基础上提出了动态能力的概念，这一观点在动态能力理论的发展历程中具有重要的里程碑意义。资源基础观认为，不同的企业所具备的资源和能力一般来说是具有异质性的，而且这些资源和能力在这些企业中的分布会维持一段较长的时间。正是由于企业的资源和能力具有能够给企业带来价值，并且这些资源和能力不易被其他企业模仿也不易被其他的资源或能力替代等特点，因此使企业凭借这些资源和能力获得持续的竞争优势。但是，从本质上来说，资源基础观是从静态的角度分析企业竞争优势的来源，因此对于分析为何企业能够在动荡变化的环境中获得和保持竞争优势显得力不从心。因此，Teece 等（1997）提出了动态能力的研究框架来弥补这个缺陷。他们给出的动态能力定义为"企业整合、构建以及重构企业内外能力以便适应快速变化的环境的能力"。

其中"动态"指的是与环境变化保持一致而更新企业的能力，"能力"则强调的是整合和配置企业内部和外部资源的能力，以此来使企业适应环境变化的需要。该文献将动态能力分析框架分为位势（Positions）、路径（Paths）、流程（Processes），如图 2-1 所示。其中流程是构成企业动态能力的最核心的组成部分，决定了企业适应外部环境的程度的高低。构成企业动态能力的三种流程分别是：资源集成流程、学习流程以及资源再配置流程。除了流程以外，Teece 等还认为企业所处的位势以及本身所具有的路径选择范围也会在一定程度上影响企业的动态能力。企业所处的位势实际描述了企业所具有的宏观资源环境以及微观资源基础。路径选择则体现为企业资源的刚性以及企业思维方式的僵化等限制了企业的具体路径选择范围，表现出一种可能沿着已有的路径发展下去的趋势，即路径依赖现象，限制了企业的选择范围与能力，从而影响了企业的动态能力。

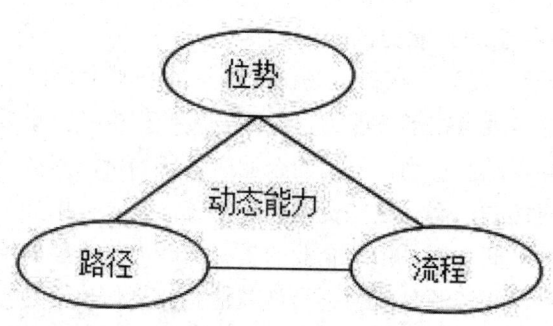

图 2-1 Teece 等动态能力分析框架

Teece 等提出的理论架构，从动态能力的本质、作用、相关环境、产生与发展的机制、异质性假设以及结果等方面进行了详细阐述。第一，将动态能力的本质归为：能力，强调战略管理的本质作用。因此，通过提出一种特定的能力扩展了资源基础观。第二，特别说明了这种能力的作用，即整合、构建以及重构企业内外能力，借鉴演化经济学观点阐明了惯例、路径依赖和组织学习的作用。第三，聚焦于一种特定的外部环境——快速变革的环境。这很自然让人觉得动态能力观点是资源基础观点的扩展。第四，他们认为动态能力是建立起来的而非交易来的，他们的产生和演化都是潜在于组织流程中的，而组织流程是通过企业的资产位势、过去采用的演化路径发展起来的。这个观点是与演化经济学的观点一致的。第五，他们强调，就像资源基础观考虑的资源和能力一样，动态能力也是企业间异质的，因为他们是基于企业特定路径、特定资产位势和特色的流程中形成的。最后，他们的方法明确表示持续竞争优势（或者企业的成功，或者价值创造）是动态能力的直接结果。再一次说明，它是与资源基础观在某特定语境中的一致性的补充，也就是说，都是为了解释为什么有的企业会获得和维持竞争优势的，而其他的企业不能。

其他的很多动态能力的概念随后不断提出，这些观点中有些仍然接近资源基础观的观点，有的更趋向于采纳类似于演化经济学的方法。本节依据 Zahra（2006），Véronique Ambrosinil 和 Cliff Bowman（2009）及 Ilídio Barreto（2010）所列举其认为的重要动态能力定义进行综合如表 2-1 所示，前六项定义的更具代表性。这些观点在性质、特定作用、相关环境、产生和演化机制、产出结果的类型、异质性的假设等方面都存在明显的差异。

表 2-1 主要的动态能力的定义

Teece 等（1997）	企业整合（Integrate）、建立（Build）以及重构（Reconfigure）企业内外能力（Competences）以便适应快速变化的环境的能力（Ability）
Eisenhardt 和 Martin（2000）	动态能力是企业使用资源的过程——特别是整合、重组、取得及释放资源的过程。资源的整合、内部资源的组织与重构以及获取和释放资源是动态能力的重要表现形式
Zollo 和 Winter（2002）	用演化理论研究方法对动态能力进行分析，并提出了动态能力的新概念，"一种集体的学习活动模式（与惯例接近的一个关系词），企业通过它能够系统地产生和修改其经营性惯例，从而提高企业的效率"
Winter（2003）	动态能力用以扩展、修正和创造普通（实务）能力
Helfat 等（2007）	动态能力是组织有目的地创造、扩展或修改其资源基础的能力
Teece（2007）	动态能力可以分解为三种能力，即感知与描述机遇和挑战的能力；把握机会的能力；通过加强、联合、保护，必要时重新配置企业有形、无形资源进而维持其竞争力的能力

续 表

Lee 等（2002）	企业如何应对环境变化的竞争优势的更新来源
Zahra 等（2006）	动态能力是根据主要决策者预想的和认定的恰当方式重新配置企业的资源与惯例的能力
Wang 等（2007）	动态能力是一个企业持续地整合、重新配置、更新和再造其资源和能力，并且更重要的是，升级和重构其核心能力以在变化的环境中保持竞争优势的行为导向

根据上述分析，现有主要的动态能力定义间仍存在着较大的分歧，本节认为上述学者包括 Teece 等（1997）提出的定义的不一致使得动态能力概念模糊、操作性差。本课题综合上述观点进一步提炼动态能力的内涵，认为动态能力内涵可描述为企业适应环境变化过程中，动态更新其战略，通过与环境进行资源交互、内部整合、外部协调及组织学习形成系统地解决问题的潜力。

2.1.3 企业动态能力的特征

关于动态能力的特征，不同学者的观点也不一致。黄江圳和谭力文（2002）认为，动态能力吸收了核心能力理论的许多观点，因而具有价值性、独特性等特征。而与核心能力不同的是，动态能力还具有克服能力惯性的创新性及开拓性的特点，并在创新性和开拓性的基础上拥有开放性的特点。谭滔（2007）认为动态能力具有抽象性、学习性的特点。刘磊磊（2008）认为动态能力具有多样性、开拓性、开放性、抽象性、学习性、时间性和成本性特征。总之，动态能力侧重解决的是企业的长久发展问题，它既具备和资源、能力相同的价值性、难以模仿性等特点，又具备其自身独有的特点。

（1）价值性

与其他的资源和能力一样，动态能力只有具备了价值性，才能够使企业获取持续竞争优势。动态能力的价值在于，根据企业外部环境的变化，不断获取新的资源，并对企业资源进行整合与重构，最后通过对部分资源进行释放而获得良好的经济效益，从而使企业持续拥有竞争优势甚至创造出新的竞争优势。

（2）难以模仿性

动态能力是经企业长期的知识积累所形成的，知识具有缄默性的特点，特别是隐性知识，嵌入在特定的企业环境中，不易被模仿、占有和转移。另外，动态能力与企业经营者的经营理念、企业文化、企业的人力资源密切相关，这些都是竞争者无法模仿的。

（3）转变性

动态能力的本质意味着转变，动态能力理论改变了以往资源基础理论和核心能力理论对外界环境变化的忽视，着重强调环境的变化可能会使企业现有的资源、能力变得毫无价值，因此，应该以"变"应"变"。动态能力的"变"是一种受企业现有的资源、能力及其历史所限制的转变，具有路径依赖性质。

（4）开拓性

动态能力立足于企业的动态效率上，是一种开拓性的能力。其将焦点放在创新的开拓性动力上，目的是与动态环境的变化相匹配。动态能力只有放在创新的开拓性动力上，主动地去开拓新的能力和资源以适应环境，才能克服能力中的惯性和惰性，以获取持续竞争力。

（5）开放性

企业动态能力强调通过外部途径获取资源与知识，相对于企业核心能力强调的内部化积累，动态能力开放性的特征促使企业与外部环境实现互动，减小"能力刚性"的负面作用。一个开放、灵活的外向型组织，较一个传统的职能式组织而言，更能够适应动荡的环境。企业可以运用战略联盟、虚拟组织等形式积极获取外部资源和知识，以此来保持开放性，这是动态能力的重要特征之一。

（6）主观能动性

动态能力强调主观能动性，即强调企业应积极主动地去适应环境的变化，甚至是预测环境的变化而领先于竞争对手做好应对准备。动态能力需要企业全体成员的不断学习，需要企业每个成员去主动感觉甚至是探索、预测环境的变化，而不是被动地适应环境的变化。

（7）学习性

学习效应可直接影响企业的资源获取、资源整合与重构及资源释放的效率与效果，甚至导致企业战略的更新。学习导致组织能力进化和发展的路径依赖性，使得某些建立资源结构的方式由于低成本而更具有吸引力。市场领先者通过不断学习，提高对手的竞争成本，从而保住自己的竞争优势。另外，学习也同资源能力配置的时间密切相关，因为学习使得企业能够更快速、有效地配置资源能力。

（8）创新性

创新性是企业动态能力的本源。感知环境的变化、识别企业能力的差距、定义企业的知识缺口，是企业建设动态能力的前提。而动态能力的形成过程是或连续性或破坏性的创新过程，包括组织创新、流程创新等。

2.1.4 企业动态能力的构成维度

在动态能力研究过程中，许多学者经常进行维度划分，以便从不同的侧重点进行分类研究，也可以提高研究的可操作性。当前，在动态能力研究领域内直接探讨其维度组成的文献中，国外文献相对较少，相比较而言，国内学者对于动态能力维度的讨论进入百家争鸣的状态，尚未达成一致。国内外学者对动态能力的维度划分总结如表2-2。

表 2-2 动态能力的维度划分

学者	划分维度
Luo（2000）	获取能力、分配能力和更新能力
Eisenhardt 和 Martin（2000）	资源的整合、内部资源的组织与重构以及获取和释放资源能力
Subba（2001）	技术知识产生多样化的能力、营销动态能力
Wang 和 Ahmed（2007）	适应能力、吸收能力和创新能力
Protogerou 等（2005）	协调/整合、学习、转换/重构这三种能力
王文超（2006）	组织的价值观、个人的静态与动态能力、组织的静态和动态能力
贺小刚（2006）	顾客价值导向、技术支持系统、组织机构支持系统、制度支持机制、更新动力、战略隔绝
徐海波（2006）	市场定位能力、吸收转化能力、协调能力、集体思维能力（软件企业）
李兴旺（2006）	环境洞察能力、价值链配置与整合能力、资源配置和整合能力

续 表

学者	划分维度
Teece（2007）	机会感知、机会把握、战略重构
郑刚（2007）	组织文化维度、组织过程维度、资产技术维度、成长路径
王铁骊（2008）	市场感知能力、知识吸纳能力和资源重构能力
谭滔（2007）	战略更新机制、战略匹配机制和知识创新机制
罗斌（2007）	企业家能力、技术创新能力、组织协调能力（高新技术企业）
焦豪（2007）	环境洞察能力、变革更新能力、技术柔性能力、组织柔性能力
俞枫（2008）	战略调整能力、资源配置与整合能力、价值链配置与重构能力、市场营销与服务组合能力
易建华（2008）	洞察能力、配置能力、变革能力
孟晓斌（2008）	搜索吸收能力、变革创新能力、转化整合能力、网络协同能力和规则适应能力
曹红军等（2009）	动态的信息利用能力、资源获取能力、内部整合能力、外部协调与资源释放能力
林萍（2009）	组织学习、整合能力、市场导向、组织柔性和风险防范能力
李大元等（2009）	组织意会能力、柔性决策能力与动态执行能力以及这些能力的整合
黄俊（2010）	整合能力、组织学习能力、重构能力
秦玮（2010）	选择能力、扩散能力、创新能力和适应能力

从表 2-2 中可以看出，目前对动态能力的构成维度研究还处于探索阶段，相关维度划分的分析缺乏对于企业内部与环境的整体的、系统的研究。本节将借助组织控制论的杰出代表——生存系统模型作为指导，对企业动态能力应体现的关键的特征进行较为系统的分析。

2.1.5 其他方面的研究

下面本节从动态能力的本质、特定作用、相关语境、产生和演化机制、异质性假设及相关结果的类型等方面对于上述代表性的观点进行分析。

（1）本质

对于动态能力本质的认识，大体分为能力（Ability 或者 Capacity）、流程、惯例。在 Teece 等（1997）之后，很多学者都将动态能力定义为能力（如 Winter，2003；Zahra et al. 2006；Helfat et al. 2007；Teece，2007）。在 Helfat 等（2007）的定义中，

"Capacity"一词的使用目的不仅是为了表明"以至少最低限度可接受的方式来完成任务的能力（Ability）"，也为了说明其可重复性（以将其与一次性变革相区别）。Eisenhardt 和 Martin（2000）所描述的动态能力是特定的、可识别的流程，而 Zollo 和 Winter（2002）将动态能力构思为被掌握的、稳定的集体活动模式，与之前对惯例的定义——企业中"有规律的、可预知的行为模式"很接近。此外，Eisenhardt 和 Martin（2000）提出，有效的动态能力的性质是随市场的动态性变化的，从依赖现有知识的详细的复杂惯例，到依赖基于特定情形的新知识的简单的、经验的规则。

（2）特定作用

近来文献趋向于将动态能力的核心作用确定为企业内部关键要素的改变，虽然改变的要素内容有所不同，如资源和能力（Eisenhardt and Martin，2000；Helfat et al. 2007；Teece et al. 1997；Winter，2003）、操作惯例（Zollo and Winter，2002）以及资源与惯例（Zahra et al. 2006）。有些学者选择两层次结构，即区分为"零阶能力"和"高阶能力"。在这一脉络中，"零阶"能力与"普通"能力相符，即那些使得企业能够在短期内存活下来的能力（Winter，2003）；或者与"实体（Substantive）"能力相一致，即用于解决问题的能力（Zahra et al. 2006）。而与之相对，动态能力是变革普通能力（Winter，2003）或者实体能力的"高阶"能力。类似的，Zollo 和 Winter（2002）区分了两类惯例：应用于企业运作活动的惯例（运作惯例）及致力于变革运作惯例的惯例即动态能力。

Teece（2007）建议，除了资源配置能力外，另外两类"能力"应该重点考虑，那就是感知机会与威胁的能力和把握机会的能力。

（3）相关环境

动态能力相关的外部环境类型在已有文献中存在重大差异，本领域的研究者可以分为：确认动态能力对应于高动态性环境、接受动态能力对应不同程度动态性的环境和忽视动态能力的特定环境特征三种类型。动态能力与高速变革环境之间的必然联系在 Teece

等（1997）的观点中已非常明显。

与之不同的是，Eisenhardt 和 Martin（2000）认为，动态能力不仅在高速变革市场中是重要的，而且在"适度（Moderate）动态"市场中也是重要的。"适度动态"市场即"变化频繁发生，但是沿着可预测的、线性的路径发生"。另外他们预言，不同的动态能力取决于企业所处的是高速变革市场还是适度动态市场。与之相比，Zahra 等（2006）主张"不稳定的、变革的环境并不是动态能力的组成部分"，Zollo 和 Winter（2002）也持此观点，认为动态能力在低程度变化的市场环境中也存在且适用。不过，Zahra 等与 Zollo 和 Winter 都承认动态能力在快速变动环境中更有价值。最后，一些其他学者提出的动态能力概念并没有明确指出与外部环境状况的对应关系，在其观点中内在假设了动态能力与环境条件的非相关性。

（4）产生与发展机制

指导动态能力产生与演化的机制已有部分论述。根据演化经济学的视角，主要强调的是学习机制。Eisenhardt 和 Martin（2000）认为，变异和选择是动态能力演化的两个至关重要的因素，其他条件一定的情况下在选择何种经验进行普及时，变异对于中等动态市场来说更加重要，而选择与高速变革市场更具相关性。

Zollo 和 Winter（2002）充分考虑并肯定了组织学习机制对于动态能力的产生和发展起到的关键作用。他们不仅关注半自动化的经验的积累，还更加重视某些更加刻意的认知惯例，例如知识清晰度（如集体讨论或绩效评价过程）和知识编码（如，现有特定惯例的隐含知识的记录工具）。他们主张，完成任务的行动与绩效之间因果关系具有较高不确定性时，越是刻意的学习机制在发展动态能力时越有更高的效力。Zahra 等（2006）增加了一些其他的产生和发展动态能力的机制，即反复试验、即席创作和模仿。他们主张从经验中学习更多涉及的是成熟企业，而反复试验、即席创作流程更多涉及的是新创企业。

(5) 异质性假设

企业动态能力的异质性程度假设在已有文献中体现出了两种分歧的观点。大部分学者，特别是在动态能力框架中应用资源基础观思想的学者，就像 Teece 等（1997）一样，或明确或暗示的假定动态能力本质上具有企业特质性。他们认为企业投资与运营的异质性的路径依赖历史在动态能力的产生和发展中起到重要作用。与之相对，Eisenhardt 和 Martin（2000）宣称，动态能力在企业间展示出共性。他们坚持认为，存在多种、同样有效的方式来执行企业任务，这些方式都可以发展成为企业的动态能力，因而它们之间存在着共性。这种观点意味着存在获取相同动态能力的多条路径，与路径依赖观点不一致。当然，这些学者也指出企业之间并不存在完全相同的动态能力，因为虽然体现出某些共性，但是在细节上仍然异质的。

(6) 企业动态能力与绩效之间的关系

本领域之前的很多研究很明确地假定企业动态能力与绩效之间存在直接的关系（Teece et al. 1997）。这些学者声明，这一架构本身就是为了解释企业的成败、竞争优势和企业财富的产生。Zollo 和 Winter（2002）也认定动态能力与更优的绩效、企业生存之间有直接的联系。Teece（2007）重申，"动态能力框架的目的完全就是为了解释企业层次的长期竞争优势的来源"，"动态能力是企业成败的关键所在"。

与之相对，其他的学者则表现出不能确定动态能力与绩效之间存在必然的、直接的联系。Eisenhardt 和 Martin（2000）主张"动态能力是竞争优势的必要非充分条件"。在他们的观点中，长期的竞争优势并非依赖动态能力本身，而是由于动态能力对资源的配置以及"比竞争对手更及时、更敏捷、更偶然的应用动态能力"。类似的，Zott（2003）主张，动态能力并不是直接导致企业绩效，而是动态能力通过修正企业的资源或者惯例组合影响绩效。另外，Eisenhardt 和 Martin（2000）相信具备动态能力的企业会超越缺乏这些能力的对手，Zott（2003）则认为，具有相同动态能力的企业可能会由于构造了不同的资源组合进而导致不同的绩效水平。

Zahra 等（2006）认为动态能力是通过其改变的实体能力的质量进而间接地影响绩效的。他们还指出，动态能力有时反而会由于在不必要时的应用以及制订了错误的因果假定进而破坏企业的绩效，而不是改善。Winter（2003）曾提出，由于其他方面的成本，企业在选择应用或者发展动态能力时并不必然是有利的。根据他的观点，动态能力有时不仅会长期占用某些特定资源（只要不应用就不会产生利润），而且还会产生机会成本，即存在其他的可选的方法来解决问题。

2.2 企业 IS 资源及动态能力理论在 IS 领域应用评述

信息系统研究人员长久以来吸取了很多其他学科的理论，如经济学、计算机科学、心理学、一般管理理论等，并将其应用于自身的研究中，信息系统（简称 IS）领域已经成为一个具有丰富理论和概念基础的学科。当将一个理论引入该领域时，特别是该理论在其他领域已经是主导理论的情况下，就有必要评定它们在 IS 范畴内的应用和贡献。

Mahoney 和 Pandian（1992）概括了企业的资源基础观（Resources Based View，RBV）对于战略管理领域的重要作用，此后，资源基础观已经成为该领域的一个主要理论基础，成为迄今为止影响战略管理最深刻的理论之一。追溯资源基础观的产生和发展，可以发现其理论假设存在不足——资源基础观研究企业的长期竞争优势，忽略了短期外部条件快速变化对企业的影响。竞争优势要求不仅充分利用现有的资源和能力，而且要开发新的资源和能力，基于此，动态能力理论由 Teece，Pisano 和 Shuen（1997）提出，从动态匹配视角对战略问题进行了阐释。可以认为，动态能力理论是资源基础观的进一步拓展。关于资源基础观与动态能力理论在 IS 领域的应用，近年来成为信息系统的热点问题之一，本章对该应用现状与发展进行探讨。

本节首先概要描述资源基础观理论与动态能力理论及二者在 IS

研究领域应用的价值体现；其次，依据资源基础观理论综述现有文献中 IS 资源分类，使用六项关键的资源属性对 IS 资源进行描述、比较，这种详细分析将有助于之后的研究确立不同 IS 资源与绩效或竞争优势关系中的作用；然后，根据 Wade 和 Huland（2004）提出的资源互补性（Resources Complementarity）问题，述评现有文献中对该问题的研究；最后述评基于动态能力理论的 IS 研究进展及存在的问题，为将来资源基础观与动态能力理论进一步应用于 IS 提供参考。

2.2.1 资源基础观理论与动态能力理论

（1）资源基础观与动态能力理论概述

资源基础观认为，企业流程资源的一个子集使企业能够获取竞争优势，而其更进一层次的子集将会导致卓越的长期绩效。那些有价值的、稀缺的和适用于其拥有企业的资源能为企业带来暂时的竞争优势，这种优势可以通过企业保护该资源不被模仿、转移或者替代等方式而持续很长时间。

资源基础观的理论学者们需要面对的一个关键挑战就是定义资源的意义。资源基础观领域的研究者和实践者们使用过很多不同的术语来描述企业的资源，包括能力、技能、战略资产、资产以及配备。这些定义和分类的增殖使得不同术语意义不清，进而导致资源基础观应用研究中出现很多问题。Wade 和 Hulland（2004）将资源定义为企业在探测市场的机会和威胁进而做出反应时可用的和有用的资产和能力。资产是企业在创造、生产和为市场提供产品或服务的过程中用到的任何有形、无形的东西；而能力，是在利用资产进行创造、生产和为市场提供产品或服务的过程中行为的可重复的范式。

资源基础观的本质强调资源和能力是竞争优势的起源：企业的资源是异质性分布的，并且是不易变的。但是只有这些资源的优势是不够的，这些企业还需要拥有独特的能力来充分地、更好地应用这些资源。进入 20 世纪 90 年代，高速变化的企业环境开始挑战资源基础观的这些最初的主张，因为它们是静态的、忽视市场动态的影响的。而包含有资源和能力的进化的观点的动态能力理论出现了并增强了资源基础观的应用。

（2）资源基础观与动态能力理论在 IS 研究应用中的价值体现

本书认为，资源基础观对于 IS 研究是很有价值的，该理论为 IS 学者思考 IS 与企业战略和绩效的关系时提供了一种很有价值的思路。需特别指出的是，该理论为评价 IS 资源的战略价值提供了一个令人信服的框架，它也为如何区分不同类型的 IS 资源及其属性描述以及如何研究各自对于绩效的影响提供了指导。

但是，资源基础观对于 IS 研究并不完全适用。因为 IS 资源不像其他资源（如商标或金融资产）一样能够直接地影响企业的持续竞争优势，但是它们构成了一个资产和能力的复杂链的一部分，而这个复杂链能够导致持续的绩效。但是，IS 资源对于持续竞争优势来说是必要但不充分的。IS 是通过与其他资产和能力的互补的关系来影响企业的。虽然资源基础观认识到资源互补性的作用，但是在该理论中并没有发展完善，该要素的提炼对于增强资源基础观在 IS 研究中的作用是非常必要的。

而作为资源基础观进一步发展的动态能力理论的探讨是对企业持续竞争力源泉问题的进一步深入，动态能力在战略层表现为对 IT 竞争力所导致的企业竞争优势的更深入的阐述。同时，全球化和 IT 对企业生存环境产生前所未有的冲击，使企业的生存环境由相对平稳状态变得更加动态，动态能力理论的提出将研究的主体——企业放置于动态环境中，从而使理论的研究更符合企业的生存现实，因此对于 IS 领域的研究将会产生积极影响。

2.2.2 IS 资源研究与资源基础观

基于资源基础观对于 IS 资源的研究已有非常丰富的成果，Wade 和 Huland(2004) 使用 Day(1994) 提出的 IS 资源三大类别分类法将 IS 资源进行组织，是目前为止最为详细和深入的研究之一。本书使用研究者提出的资源的 6 个关键属性描述所识别出的主要的 IS 资源。

(1) IS 资源

资源基础观首次出现在 IS 研究中是在 20 世纪 90 年代中期。大多数此类文献都试图识别和定义一个 IS 资源集合。例如，Ross 等（1996）将 IS 资源划分为三种 IT 资产，与 IT 流程共同贡献于企业价值。这三项 IT 资产分别是人员资产（如技能、商业理解力、问题解决导向）、技术资产（如物理 IT 资产、技术平台、数据库、构架、标准）以及关系资产（如与其他部门间的关系、客户关系、高层管理层的参与、共享风险与责任）。IT 流程定义为规划能力、有成本效益的操作与支持以及快速交付。这个分类之后被 Bharadwaj(2000) 进一步修正为 IT 基础设施、人力 IT 资源与 IT 使能的无形资源。

Feeny 和 Willcocks(1998) 识别出了 9 种核心 IS 能力，并将其组织成为四个有交叉的区域。这些区域分别是业务与 IT 视角（IT 与企业其他部门间的集成）、IT 基础设施的设计（IT 开发技能）、IS 服务的传输（实施企业、供应商与客户间的交易）和能力的核心集（包括 IS 领导力和完全信息交易）。更进一步，每一种能力都根据它依赖于业务、技术或者人际关系技能的程度进行排序。

还有很多学者调查 IS 资源与企业绩效之间的关系。例如，Mata 等（1995）使用资源基础观指出了 5 个关键 IS 驱动因素——消费者转换成本、资本的有权使用、专利技术、IT 技术技能与 IT 管理技能——导致持续竞争优势，虽然他们实证研究中只是支持了后三种假定的关系。Powell 和 Dent-Micallef(1997) 将 IS 资源分为三类：人力资源、业务资源和技术资源，在其对某零售业调查中，他们发现只有与 IT 相一致的人力资源对绩效有贡献。在业务资源中，只有 IT 培训对绩效有正相关作用，而技术资源对绩效没有正向影响。

上述的许多研究将 IS 资源大体分为两类，即 IS 资产（基于技术的）和 IS 能力（基于系统的）。研究指出，IS 资产（例如基础设施）是竞争者最容易复制的资源，因此，代表了企业持续竞争优势的最脆弱的资源。与之相对，有越来越多的证据表明，竞争优势依赖于企业更好地配置其能力以及其无形资源，即 IS 能力。从资源基础观来看，这种优势是伴随着长时期内 IS 能力的发展而产生的，而且这些能力蕴含在企业中，很难进行交易。这些 IS 能力对企业来说是特质性的（如拥有专门知识且对企业忠诚的 IS 专家），由于路径依赖或者植入于组织文化之中从而难以被模仿，因此能力被认为是企业绩效的关键驱动力。

（2）IS 资源分类

Day(1994) 提出了一个研究 IS 资源分类的方法，他认为企业拥有的能力（如前所述，企业资源的子集）可以分为三种过程类型：由内而外的、由外而内的和跨越的。由内而外的能力是在企业内部配置以应对市场需求和机会，并趋向于内部聚焦（例如，技术开发、成本控制）。相对的，由外而内的能力是外部导向的，着重强调预期的市场需求，创造持久的顾客关系，并了解竞争者（如市场响应、外部关系管理）。最后，跨越的能力，既包括内部又包括外部分析，是被用来整合企业的内部和外部能力（例如管理 IS/业务关系，IS 管理和规划）。

表 2-3 给出 Wade 和 Huland(2004) 提出的包含八个关键的 IS 资源在这个框架中的组织情形。虽然之前的研究曾使用一系列不同的术语来描述 IS 资源，但是它们可以直接映射到 Day(1994) 的框架中。

表 2-3 IS 资源分类

由外而内的资源	外部关系管理	外部关系管理表示企业管理 IS 功能与企业外部利益相关者之间联系的能力。这种与供应商、外包企业、顾客等的共同工作及关系管理是导致竞争优势和较优的企业业绩的重要的组织资源
	市场响应	市场响应既包括从企业外部收集信息，也包括市场信息在部门间的传递以及组织对信息的响应，其关键表现之一为战略柔性，它使组织能够在需要时采取战略变革

续 表

跨越的资源	IS/业务关系	IS/业务关系表示 IS 功能与企业其他的功能领域或部门的集成和融合的过程。IS 融合特别是与业务战略的融合的重要性在很多文献中已有论述。这些联系能够帮助企业跨越各职能部门之间存在的鸿沟，从而带来出众的竞争位势和企业绩效，该资源的表现之一是支持企业内部的协作
由内而外的资源	IS 规划和变革管理	IS 规划和变革管理包括预见未来变革和增长的能力，选择平台（包括硬件、网络和软件标准）从而适应变革的能力和有效管理产生的技术变革和增长的能力
	IS 基础设施	IS 基础设施在先前多数研究的描述中不具备稀缺性、容易模仿、易迁移等，所以不会传递出任何特殊的战略利益。因此，在现有的大部分资源基础观——IS 研究中 IS 基础设施向复杂和难以模仿的方向发展
	IS 技术技能	IS 技术技能指的是关于系统硬件和软件的适当的、及时更新的能力，为企业的 IS 和 IT 员工所拥有。这些技能包括现有的技术知识以及配置、应用和管理这些知识的能力
	IS 开发	IS 开发指开发和利用新技术的能力以及对新兴的技术的机敏反应和企业快速利用新兴技术的倾向的水平，因此，IS 开发是面向未来的
	有成本效益的IS 运行	有成本效益的 IS 运行表示关注成本和效益的有效性。高效率的企业能够通过应用该项能力降低成本并建立起一个成本领先的行业位势，进而发展长期的竞争优势

资料来源：Wade 和 Huland（2004）

上述 IS 资源分类研究综合了多个实证研究的成果，建立了统一的分析框架，具有较高的可信度。国内学者对 IT 资源/能力的研究起步较晚，2003 年起逐步出现了有关信息技术能力研究的文献。在资源基础观视角下，研究 IT 资源/能力的代表性的文献有：张嵩（2003，2006）以文献综述和理论阐述建立了 IT 能力的概念模型，将 IT 资源分为 IT 人力资源、IT 基础设施、IT 文化资源、IT 使能的无形资源；齐险峰（2006）对国内外文献进行综述，分析了三类 IT 资源即 IT 有形资产、IT 无形资产、IT 人力资源对竞争优势的贡献作用；殷国鹏、陈禹（2007）基于已有文献提出 IT 能力概念模型，实证研究了 IT 能力的构建与测量，其模型中 IT 能力构成维度有 IT 战略能力、业务与 IT 协调能力、IT 管理技能、IT 技术资源四方面，并于2009年进一步将IT能力维度修正为IT基础设计、IT管理技能、业务与IT之间的关系能力三方面，构建了IT能力及其对信息化成功影响的理论模型并进行实证分析。

以上几位国内学者对于资源基础观理论引入IS领域的研究对于IT资源/能力的分类虽然都可以看作Wade和Huland（2004）所归纳的IS资源分类的一部分，但是对于我国国情下的IS领域的资源基础观应用起到促进作用，特别是殷国鹏、陈禹（2007，2009）分别用实证研究的方法对提出的理论模型进行验证。

（3）IS资源的属性比较

为了探究资源基础观对于IS研究的有效性，有必要明确识别使其具有战略重要性的资源的特征和属性。虽然，企业拥有很多资源，但只有其中的少部分具有为企业带来持续竞争优势的潜力。资源基础观的理论学者们通过识别出一系列的资源的属性（理论上能够影响企业的竞争位势）的方法解决这个问题。在此观点指导下，只有那些展示出所有这些属性的资源才能够为企业带来持续竞争优势。例如，Barney（1991）提出，创造竞争优势的资源必须具有四个关键的属性：价值性、稀缺性、不易模仿性和不可替代性。其他的类型也曾经被别的学者提出过。虽然，在这些研究框架中使用的术语稍有不同，但都试图将企业拥有的异质性的、不易迁移的、不可模仿的、企业特定的资源集合与他们的竞争位势联系起来。

有些学者已经对帮助企业获取竞争优势的资源和帮助企业维持优势的资源进行区分。Peteraf（1993）将六个资源属性分成两大类，即优势建立之前的限制和优势建立之后的限制。大多数使用资源基础观的之前的研究都模糊了这两个状态，本书认为需要将二者分开来考虑，将前述的IS资源使用这些属性进行描述。

1）优势建立之前的限制

优势建立之前的限制表示在任何企业建立较优的资源位势之前，将存在限制性的竞争。如果任何企业都可以通过获取和配置资源从而达到该位势，那么该位势就不能定义为"较优"。这个分类中的属性包括价值性、稀缺性和独占性。企业资源只有具备价值性才能成为持续竞争优势的来源，在资源基础观范畴内某资源只有能够使企业以更有效率和效益的执行战略时才是有价值的。

价值性并不是充分条件，如果资源具有价值性而且供应充足那么也不能构成竞争优势的来源。所有描述的 IS 资源对其拥有企业来说都具有价值。同时，由外而内的资源和跨越的资源对企业来说比由内而外的资源具有更高的价值，这是因为，前两种资源是基于对不断变革的企业环境的持续的理解。虽然由内而外的资源在任何时间点都可以带来更高的效率或者效力，但对企业来说，如果是为了获取持续竞争优势，更根本的目标是对不断变革的业务环境的跟踪和反应。

稀缺性指的是资源对于多数企业来说并不是可以同时获取的状态。IS 资源似乎都具有稀缺性，但是如在价值性中描述的一样，由外而内和跨越的资源似乎比由内而外的资源具有更高程度的稀缺性。其根本原因是，人力资源市场允许那些缺乏关键 IS 技术、高效率操作技能和 IS 开发人力资源的企业通过更高的薪资或者通过与外部顾问的业务合作从而获取这些资源。但是相对来说，跨越的和由外而内的资源表现为社会复杂性和不容易在要素市场获取，而必须通过现行的、企业特定的投资或与其他企业合并等方式获取实现。

资源的独占性涉及其赚取租金的潜力。如果企业不能够独占这些由优势产生的效益，那么通过有价值的、稀缺的资源或者资源组合创造的竞争优势产生的收益就大打折扣了。首先，IS 基础设施、IS 技能、IS 开发和成本有效性的 IS 运行在短期看来是专用性的、产生租金的资源，特别是当拥有 IS 资源的企业在应用中具有"首轮"应用优势时，竞争者将会发现很难从优势企业中夺取该优势。其次，由外而内的资源和跨越的资源独占性比由内而外的资源低，这主要是由于它们更具有组织复杂性，从而更加难以成功地配置。

2）优势建立之后的限制

优势建立之后的限制意味着在企业赢得一定的较优位势和赚取租金之后，所存在的某些影响竞争该租金的限制。此类的属性包括可模仿性、替代性和迁移性。

为了保持竞争优势，企业必须能够保卫其优势不被模仿。Barney（1991）指出三个因素可以贡献于低模仿性：独特的企业历史（路径）、因果关联的模糊性和社会复杂性。企业发展历史是其他任何企业都不能够复制的；因果关联的模糊性是在资源与由此产生的竞争优势之间的联系难以被理解时形成的；社会复杂性表示企业内部或者企业与其主要的利益相关者（如股东、供应商、客户等）之间各种各样的联系，这些联系的复杂性使其难以管理、更难以模仿。由外而内和跨越的资源（特别是 IS/业务关系、外部关系管理）更加难以模仿，因为这两类资源在企业中都是独特地发展和进化的，且更具社会复杂性。IS 基础设施是相对最易模仿的。

对某种资源来说，其本身是稀缺的、不可模仿的，而且企业不具有战略等价资源，那么该资源就具有低替代性。由外而内的和跨越的资源相对具有更稀少的战略等价资源，因此具有较低的替代性。IS 开发及运行操作可以通过外包给其他企业从而使其替代性较高，IS 基础设施也不具备低替代性。

迁移性可以通过资源在要素市场可获取的程度来衡量。一旦企业通过其资源的战略利用建立了竞争优势，竞争者将会试图积聚相媲美的资源以期分享该优势，而资源的一个主要来源就是要素市场。因此，持续竞争优势的必要条件就是资源必须是不易迁移的或不可交易的。相对来说，外部关系管理、市场响应性和 IS/业务关系资源不易通过要素市场获取。因此，这三项资源的迁移性相对于其他 IS 资源是低的。

前述两种类型的属性——建立优势之前的限制和建立优势之后的限制——概念上来说，是相关的。如果某一资源是可模仿的，越来越多的这种资源就会出现，从而变得越来越没有稀缺性。如果资源具有高的迁移性,将会被竞争者获取,从而影响原企业该资源的稀缺性(但不影响整个市场的资源稀缺性)。相对的,可替代性,影响资源的价值,而不是稀缺性。如果资源有多个可替代者不会导致其稀缺性降低,但是它们的价值将会由于替代资源的开发而逐渐缩小,如图2-2所示。

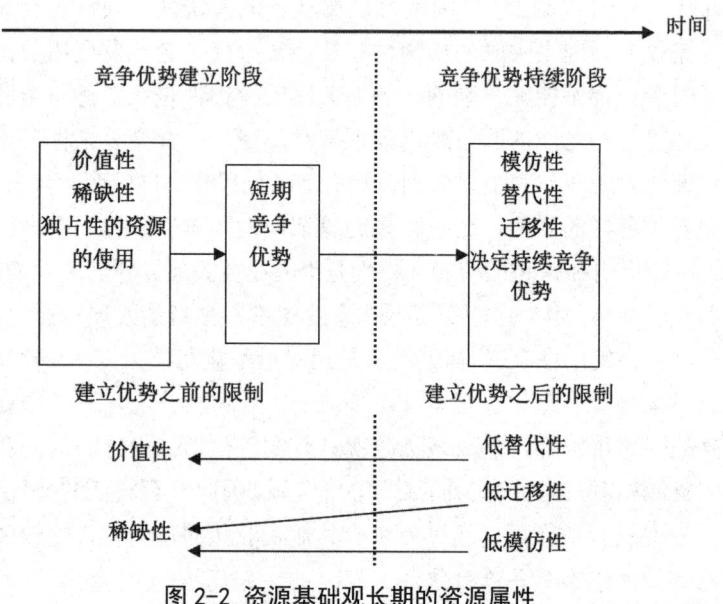

图 2-2 资源基础观长期的资源属性

对 IS 资源进行详细分类并利用资源属性分析、评价各类 IS 资源,有助于提高不同 IS 资源之间的可比性,甚至 IS 资源与非 IS 资源的可比性,而且在研究 IS 资源对于企业绩效/竞争优势的贡献研究时可以确立不同 IS 资源的作用,进而为实践者更多专注于特定的 IS 资源提供理论依据,这将是未来研究的一个方向。另外,对优势建立之前和优势建立之后的限制的分析,对于进一步研究基于长期的竞争优势研究中 IS 资源的作用有重要意义,当然更需要进一步的纵向研究予以支持。

2.2.3 IS/IT 应用对于绩效/竞争优势影响的潜在调节变量

资源基础观理论提供给 IS 领域的其中一个重要的应用价值就

是识别出资源互补性的问题。基于资源基础观的 IS 研究中大多假定 IS 资源直接影响企业的绩效或竞争优势。但是，不断有新证据表明，这些影响看作是互补性时更准确。互补性用于描述某一资源如何影响另一项资源以及二者之间的关系如何影响竞争位势或绩效。

（1）基于资源基础观的 IS 研究中的互补性资源

资源基础观提供了一种分析资源的战略价值的方法，但对于资源很少能够独自地扮演创造持续竞争优势的角色这一事实并未充分考虑。对于 IS 资源来说，在几乎所有研究中更是如此，它们表现为联合其他企业资源带来战略效益。这一"互补性"的问题非常重要，因为它表明企业内的 IS 资源起得作用更加复杂，IS 资源与其他的企业资源间存在互补的作用。

Wade 和 Huland（2004）指出资源基础观理论在 IS 中互补性资源的应用并不完善——没有足够重视这一资源互补性问题，因此他们提出某些 IS 资源必须与其他的资源（IS 的或非 IS 的）交互作用才能够帮助企业达到直接的或长期的竞争优势。而相应的调节架构，他们提出三个相互排斥的命题，即命题 1：IS 资源直接影响竞争位势和绩效；命题 2：IS 资源既直接影响又通过与其他的架构（包括其他资源）的交互作用间接地影响竞争优势和绩效；命题 3：IS 资源只是通过与其他的架构（包括其他资源）的交互作用间接地影响竞争优势和绩效。战略信息技术的研究和很多基于资源基础观的 IS 研究支持命题 2，并且越来越质疑命题 1，但是仍未回答命题 2 和 3 哪个更正确的关键问题。在此之后，IS 领域的学者对该资源的互补性问题进行了一系列的探讨。

齐险峰（2006）、殷国鹏（2009）、杨道箭（2008）分别定性讨论了 IT 资源对于竞争优势影响的资源互补性作用，均认为 IT 需要互补性资源以获取持续竞争优势，但未能通过实证方法研究与 IT 资源具有互补性、协同性的其他资源/能力有哪些以及具体的影响关系怎样等。

Rivard 等（2006）分析"IT 对企业战略的支持"和"IT 对企业资产的支持"以及"行业竞争力"是如何影响企业的市场绩效和企业收益的。该研究充分说明了 IT/IS 资源的互补性特征，同时还支持了前述 Wade 和 Hulland（2004）提出的命题 3，即 IT/IS 资源只通过与其他资源的交互间接影响企业的绩效，而没有直接影响。Wu F, 等（2006）认为对 IT 本身的投资并不能保证组织绩效的提升，借助资源基础观理论，该研究提出"IT 使能的供应链能力"是企业特质性的、难以复制的能力，同样支持了 Wade 和 Huland（2004）提出的命题 3，局限在于仅对两项 IT 资源——IT 升级与 IT 融合进行探讨，其他 IT 资源对供应链能力的影响未考虑。

由此可见，国内外文献对于 IT 资源的互补性资源问题已非常重视，相信针对国内企业状况的实证研究未来几年将会是资源基础观应用于 IS 领域研究的主流之一。

（2）其他的潜在的调节变量

Wade 和 Huland（2004）提到潜在的调节变量包括组织因素和环境因素，由于未进行实证研究，以命题的形式提出了如高层管理者对 IS 的承诺等组织因素以及环境动荡性、环境宽容性、环境复杂性等调节变量，近几年已有部分研究开始探索相关问题。

Gordon 等（2005）对新加坡港案例分析中将港口的位置与天然的深度、支持性的政府政策、充足的投资作为调节变量研究 IT 资源对于竞争优势的作用。Wu F, 等（2006）研究模型中将企业规模作为调节变量，但是实证的结果表明该变量对于市场绩效、财务绩效的影响都不显著。Rivard 等（2006）将企业面临的行业竞争力作为调节变量，但是实证验证的结果并不支持其对于绩效的影响。其原因可能是多方面的，既有特定研究主体的原因，也有数据收集等方面的原因，值得进一步进行思考。

（3）基于动态能力理论的 IS 研究中的互补性资源

资源互补性与 IS 应用对于绩效／竞争优势的影响关系的潜在调节变量问题，在基于动态能力理论的 IS 研究中也已经出现较多的关注，下一节对此进行展开分析。

2.2.4 信息系统研究与动态能力理论

对于企业，有些资源在相对稳定的环境中更加有用，而另一些在动态的、不稳定的环境中更加有用。前者关注核心资源，而后者被称为动态能力，即动态能力理论。这两种类型资源的区别表明了传统的静态的资源基础观概念的延伸。动态能力理论通过接纳一种流程方法来建立起连接如下鸿沟之间的桥梁：通过在企业特质资源与变革的商业环境之间的缓冲器作用，动态能力帮助企业调整其资源组合从而保持企业竞争优势的持续性。

动态能力理论在 IS 研究领域的应用研究近年来不断涌现。纵观现有文献，该方面的研究根据研究目的不同大体可分为三类：

（1）构建 IS/IT 能力研究体系

本类别的研究基于动态能力理论视角，构建 IS/IT 能力研究框架，并分析框架中各组成部分之间的关系。Anurag Jain（2007）构建了组织动态 IT 能力研究架构，包括动态 IT 战略规划、动态 IT 知识资源管理、动态 IT 系统开发、动态 IT 变革管理、动态 IT 技术管理、动态 IT 人力资源管理、动态 IT 外部管理和 IT 使能的二元性创新能力八个组成部分，并通过实证研究验证各组成部分之间的关系。我国学者毕新华（2008）、王东清（2009）从理论上提出企业 IT 能力的概念模型，未进行实证研究。

在不断发展的资源基础观视角中，资源被认为是资产和能力的集合，而动态能力理论的出现要求对于能力的概念进一步清晰地界定，进而指导 IS 领域的研究。此类研究的不足表现在尚未建立一个令人信服的 IT 能力框架，并对其中关系进行清晰的界定，而令人信服的其中一个有效办法就是实证研究。如 Anurag Jain（2007）对于环境的动态性却考虑不足，另外，该研究中提出的动态 IT 能力研究架构只能说是企业某一时点上的"快照"，在下一时点动态 IT 能力框架各相关因素间关系是否仍保持，或者将如何变化都需要进一步通过纵向研究做出解释。

(2) 动态能力理论指导下的 IT 应用的绩效影响分析

本类别研究关注动态 IS/IT 能力与某因变量的关系,该因变量绝大多数情况下被描述为竞争优势或者企业绩效,也有学者将其描述为企业战略转型或其他。动态能力或者说某几项动态能力在此类研究框架中只是中间结果变量。

基于动态能力理论的 IS 研究在此类中的文献最多。郑大庆等(2006)提出了 IS 对于企业竞争优势的影响(IS——动态能力)模型,认为 IS 主要是通过管理过程对企业产生影响,并通过案例的方式论述了模型的合理性。

Zhang M. J.(2007)识别出两项高层管理者动态能力,即快速响应能力与思维模式建立能力,然后检验了 IS 对于该两项高层管理者动态能力的支持对绩效的影响。值得一提的是,该研究中除考虑了高层管理者的资源互补性之外,还验证了环境特征——动态的/稳定的——这一调节变量的影响。

借鉴动态能力理论对于组织与管理流程的关注,Schwarz A. 等(2010)基于两年期的数据研究了 IT 资源、IT 使能的业务流程和 IT 业务融合对于企业战略成效和运作成效的影响以及这些影响是否存在滞后性的问题。结果支持了 IT 使能的业务流程作为 IT 资源与企业绩效之间的调节变量作用。特别要指出的是,该研究采用了追踪长期的因变量的研究方法,这与 Wade 和 Hulland(2004)在对于研究结果架构设计中提出的绩效/竞争优势的持续性的建议是一致的。当然,动态能力理论本身关注的就是动态环境中企业长期竞争优势的来源问题。因此这将是未来基于动态能力理论的 IS 研究中非常值得借鉴的一点。

对于此类的已有研究中,极少会将 IT/IS 应用作为企业绩效/竞争优势的直接影响作为研究对象,国内外学者对于资源互补性的认识已经渐渐达成一致。但是国内的研究缺乏中国企业具体情境的实证,国外研究中虽然较重视实证研究,但是研究模型中对于 IT/IS 应用所支持的动态能力的设计显得不够完备,只能是企业绩效/

竞争优势的必要非充分条件。

（3）动态能力提升机制研究

本类别中文献关注 IT/IS 应用对于动态能力提升的影响，建立动态能力提升的研究框架，并分析框架各组成部分之间的关系，这一类研究目前较少。Sher 和 Lee（2004）研究了通过 IT 应用进行的企业内生和外生的知识的管理对于提升动态能力的影响作用。实证结果支持了知识管理对于动态能力的直接影响，而 IT 应用部分支持了调节作用假设。但是该研究关注的 IT 应用对于知识管理的支持分析不够深入，而且由于样本选取问题，其结果无法推广。

Lee 等（2006）借助于组织的探索式和开发式的观点，建立了 IT 使能的动态能力创建模型，模型依照该 IT 互补性的观点，也考虑了非 IT 因素在 IT 使能的动态能力创建中的作用，为研究 IT 对于创建组织动态能力提供了理论基础。

该类别中的研究不足体现在建立的理论研究架构不足以令人信服，更缺乏验证。当然这也应归因于学界对于动态能力理论尚未形成一致看法，动态能力的内涵、研究架构、组成元素、测量体系等仍需进一步完善。不过，本类别的研究作为动态能力理论与 IS 领域的结合，将来也许能反过来促进动态能力理论的进一步完善。

从整体来看动态能力理论在 IS 领域的应用，国内的研究相对国外研究还略显不成熟，国外的已有研究中虽然重视实证研究，但是较普遍性的问题就是所建立的研究框架中影响因变量的自变量较不完备，归根结底仍是如何建立一个令人信服的研究框架的问题。另外，上述所有实证研究中都涉及由于样本回收率低（大多集中在 20% 左右），致使研究结果难以进行推广，这些问题在将来的研究中需要引起关注。

企业资源基础观为研究人员去理解企业特质性资源是否能够影响企业绩效以及如何影响提供了理论基础。像本章中指出的，资源基础观为 IS 研究者们提供了一种理解企业中 IS 的作用的方法。如果 IS 资源的作用被探测出来和定义，就可以与其他资源一起形成对于企业长期竞争优势作用的完整的理解。企业的动态能力理论在资源基础观的基础上产生，针对资源基础观的静态视角的缺陷，致力于分析处于激烈竞争、快速变化环境中企业的竞争优势来源，为 IS 研究超越传统的资源基础观情境下的解释，更新其适用性提供了一条新的道路。

由于资源基础观和动态能力理论是不断发展的，资源基础观与动态能力理论有着千丝万缕的联系，因此促成了本章将二者集成起来分析、评价其在 IS 研究领域的应用。这可以由近年的文献体现出来，有些研究如 Zhang（2007）既借鉴资源基础观的理论进行理论框架的设计，又在动态能力理论指导下研究环境动态性的调节作用。但是这也带来另一个问题，企业的资源基础观关注的企业资源是资产与能力的集合，能力是从属于资源的；而在动态能力理论中，能力被赋予了新的含义，Teece 等（1997）指出"能力"强调的是战略管理中整合、重构组织内外的资源、技术和能力以符合环境变化的要求。因而在将来的基于资源基础观 / 动态能力理论的 IS 研究中对于能力的界定要更加明确。

2.3 不确定环境文献综述

2.3.1 环境不确定性的内涵分析

根据一般系统论的观点，任何开放系统都处于特定环境中，并与外界环境之间有物质、能量和信息的交换。每个企业都是一个系统，企业的生产、运营等都与环境因素的影响密切相关，因此，外界环境是影响企业组织发展的重要因素。Daft（1988）认为，环境是组织边界外部能够对组织产生影响的因素的集合。Robbins（1997）则认为环境是对组织绩效存在潜在影响的一组外部实体与力量的集合。有学者将环境划分为两类：外部环境和内部环境，如 Duncan（1972）将企业范围内的影响组织决策与行为的因素确定为企业内部环境。

从现有文献分析，将环境看作与组织内部因素相对的外部因素的集合的看法仍然是主流。本书以企业作为研究主体，将企业边界外部的影响因素的集合作为环境这一研究变量。

正如 Duncan（1972）、Millken（1987）所描述的，对于环境而言，其最重要的特征就是不确定性。如果处理环境不确定性不当，可能导致组织活动的重大损失，因此组织高层领导的首要任务是应对环境不确定性的负面影响。鉴于不确定性的广泛影响，战略学派的支持者将战略的形成与不确定的环境联系起来，指出有效的策略形成和实施对减少不确定性带来的负面影响具有重要意义。

企业所处行业的产品或服务更新加快，技术进步以及竞争者的变幻莫测等，都将加剧环境的不确定性。正是因为环境不确定性能够对组织的运作与发展产生重要影响，因此，越来越多的学者开始关注这一研究领域。

关于何为环境不确定性，广泛接受的观点是 Millken（1987）的定义，他将不确定性定义为，缺乏信息或缺乏区分相关信息和不相关信息的能力，并且个体不能准确预测它。

2.3.2 环境不确定性的维度分析

关于如何度量环境不确定性，需要考虑两个问题，即环境不确定性的来源是什么和环境不确定性可以划分为哪些维度。有学者将环境不确定性的来源分成企业内部和外部两方面，如在研究中，Duncan（1972）将环境分为内部环境和外部环境。内部环境是指组织内部的相关因素，包括组织结构、组织文化、人力资源配置等；外部环境表达的是组织边界之外，由相关实体和各种社会因素、利益相关者等组成，如消费者、供应商、竞争对手、社会政策因素和组织相关的技术等。

对于不确定性的维度划分问题，早期研究通常把不确定性看作一个单一维度的概念，如 March 和 Simon（1958）采用资源的丰富性来刻画环境不确定性的特征。随着研究的深入，研究人员逐渐开始采用两维度、三维度甚至更多维度来描述环境不确定性的特征，具体如表 2-4 所示。

表 2-4 环境不确定性的维度划分

代表人物	环境不确定性维度划分	具体含义
Duncan（1972）	简单—复杂（复杂性）静态—动态（动态性）	复杂性是指决策者在制订决策时需考虑的因素的数量；动态性是指这些环境因素随时间变化的程度
Dess 和 Berard（1984）	丰富性、复杂性、动态性	丰富性是指环境支持企业持续成长的程度；动态性指环境变化的速率及环境变化的不可预测性；复杂性指环境的异质性和变化的范围
Miller 和 Friesen（1983）	动态性、敌对性和异质性	动态性指产业变革和创新的速率，以及竞争对手和顾客行为的不确定性和不可预测性；敌对性指企业所在主导产业的竞争的多方面性、竞争生存与竞争强度以及产业的衰退与繁荣等；异质性则指的是市场中的多样性，这需要企业产品和影响的多样性
Sharfman 和 Dean（1991）	复杂性、不稳定性和资源可获取性	复杂性是指对复杂知识的需求程度以及环境要素多样性的程度；不稳定性是指对特定环境未来发展趋势的难以预测性；资源可获取性指环境中资源的可用性程度
Rosenbusch（2011）	丰富性、敌对性、动态性和复杂性	丰富性是指环境中资源的可获取程度；敌对性显示产业企业对稀缺资源和机会进行竞争的不利的环境条件；动态性是指未来发展的一种不确定性，如顾客需求变化、技术市场变化或者竞争者和供应商等的行为的变化；复杂性是指企业在动荡的环境中成功经营所需的知识、资源和能力的水平

2.3.3 不确定环境下组织运行

在组织研究领域，企业的战略形成与实施，需要企业能够根据环境的不断变化制订并及时更新发展战略，与企业所处环境的变化是相匹配的。战略制订的合理、可操作性强，执行起来就能事半功倍；有效的执行能够让战略决策真正落地，也能促进下一轮决策的顺利制订。而环境的最重要特征就是不确定性，这已经在发展成熟的企业的相关战略学派研究中达成一致认识（Milliken，1987）。

围绕企业组织的运行过程，对于环境不确定性在其中所起的作用的相关研究可以分为三类。第一类部分学者将环境不确定性视作前因变量，研究其对结果变量的直接驱动作用。第二类研究则基于权变的观点，此时环境不确定性被视作调节变量，即在不同程度的环境不确定条件下相关研究框架的内在机理。还有一类研究是将环境不确定性视作控制变量,已消除环境不确定性在分析过程中的影响作用。

在这三类针对环境不确定性的研究中,以第一二类居多,即不确定性视角下组织运行的相关研究,将不确定性作为直接影响企业运行,如企业动态能力、企业绩效等的驱动因素,或者将不确定性作为调节变量纳入分析的范围。

从"不确定性的内涵和维度划分"的已有文献分析,尽管关于不确定性的划分存在一定的模糊性和重叠性,较多的学者认同从稳定程度和敌对程度两个方面来度量环境不确定性。本书将按照主流研究趋势,从环境动态性和环境敌对性两个方面对企业经营所处的外部环境予以研究,其中,环境动态性指的是产业变革和创新的速率以及竞争对手和顾客行为的不确定性和不可预测性,而环境敌对性指的是产业企业对稀缺资源和机会进行竞争的不利的环境条件。而本书对于环境不确定性在组织运行过程中如动态能力建立与提升过程中所起的作用,将依据权变的观点,即研究环境不确定性的调节作用。

2.4 管理控制论——生存系统模型

在 20 世纪 70 年代 Stafford Be 控制论思想及神经生理学的基础上提出了生存系统模型(Viable Systems Model,VSM)。他在研究组织生存问题时发现,传统的、建立在组织结构图基础上的组织模型难以说明组织如何适应外部环境及内部状态的变化,而全新的系统模型——生存系统模型却能指导组织的设计或者改造过程。多样性平衡是生存系统模型最重要的基本思想之一,即研究如何使组织能够对环境的各种变化(有时是一些关键变化)做出有效反应。其中"生存"(Viable)这个词的英文本意就是多变的,所以,在此引申为生存的含义就是指系统能够根据组织环境的动态性而随时保持与组织环境的多样性平衡。生存系统模型是组织控制论的杰出代表,以一种非常适用的方式来描述对组织设计、改善必不可缺的各种控制论规律和原则。

由此可见，生存系统模型指导下的企业系统设计关注的环境多样性、动态性以及如何适应环境与企业动态能力是相辅相成的，应用生存系统模型作为指导理论来分析企业动态能力的内涵与构成维度是适用的。而且生存系统模型理论也可以很好地分析狭义动态能力的内涵、变化调整及构成要素的主要内容，系统理论的视角非常适于用来审查组织动态能力的观点。因此，本节应用生存系统模型作为指导思想来分析企业动态能力的构成因素。

生存系统模型是对源于组织科学（或者控制论）的思想的一项细致而深入的工作。生存系统模型是将五种功能要素（"系统1"至"系统5"）由一个信息与控制环的合成物连接起来的排列形式，如图2-3所示，这五个要素分别称之为实施子系统、协调子系统、运行控制子系统、开发子系统和政策子系统。

根据生存系统模型和管理控制理论，企业或其他系统如果想要按照所有系统都希望维持生存能力的目的，正确地履行这五个要素处理的职能。

在生存系统模型中，各个子系统各司其职，相互配合，只有服从这种结构的组织设计才能够应对环境的不确定性，并生存下来保持生存。其中，系统1为实施子系统，直接面向企业的具体任务，与外界环境进行直接的物质、能量、信息的交互。系统2为协调子系统，旨在优化处理系统1内部各个组成部分之间以及组织与环境之间的相互关系，促进系统1更顺利地实施。而系统3运行控制子系统，按照企业规则对各项业务进行管理和控制。实施、协调与运行控制三个子系统能够相互联系将企业业务有效推进。

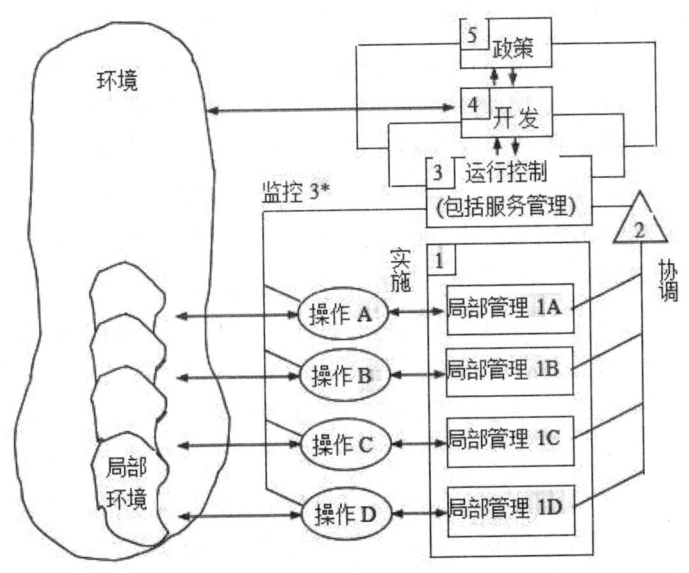

图 2-3 生存系统模型

而系统 4——开发子系统，则关注的是企业内、外部的信息，包括企业运行进程中不断产生的信息、经验、知识，也包括从外部环境中获取的机会、风险信息和知识，通过本子系统将这些信息、知识融合形成企业自身的新知识，这对于企业制订良好的决策非常有帮助。系统 5 对应着政策子系统，这一子系统充分利用开发子系统传递来的企业内部和环境中的信息，根据环境变化的需求制订企业战略的更新，并通过运行控制子系统将战略执行信息传达到实施子系统，保证企业的运行是与企业发展战略保持一致的。因此，政策子系统是生存系统模型中重要的一环，决定了企业发展的方向，并且完成从企业内部底层信息的向上流动和高层战略信息的向下流动。

2.5 本章小结

本章针对本研究关注的研究问题及其相关理论进行回顾和述评。对于企业，有些资源在相对稳定的环境中更加有用，而另一些在动态的、不稳定的环境中更加有用。前者关注核心资源,而后者被称为动态能力,即动态能力理论。本研究关注从企业信息化建设角度企业动态能力的建立和提升,因此本章对于动态能力、动态能力在 IS 领域内的应用以及不确定环境进行了文献梳理和综述,最后对本书将会应用的一项理论指导——生存系统模型进行说明。

  动态能力理论诞生以来受到非常广泛的关注,从其内涵、特征、构成维度等各方面均有学者涉猎,本章首先对这些文献进行回顾。然后从动态能力理论在 IS 领域中的应用着手,分析现有研究的不足和可行的研究方向,比如基于 IS 资源的企业动态能力构建的已有研究明显不足,内在机理如何、是否需要有相关互补性资源的参与等,当然这一过程中对于资源基础观在 IS 领域的应用一并进行。

  环境不确定性对于动态能力理论和生存系统模型都是非常关注的一点,本章从现有对于环境不确定性的研究分类、环境不确定性的划分维度等进行回顾。

第 3 章 动态能力内在机理及不确定环境下基于 IS 资源的企业动态能力研究模型

资源基础观（RBV）是战略管理的一个主要理论基础，也是战略管理理论中企业竞争优势来源的一个重要议题，其应用到的方法之一就是静态分析。然而，随着全球经济一体化的不断深入，企业所处的竞争环境已经变得越来越复杂和动态，资源基础观静态分析的视角被不断质疑。因此，Teece 和 Pisano（1997）在 1997 年首先提出动态能力理论，他们认为动态能力通过帮助企业调整资源组合，在充分利用现有资源和能力的基础上，开发新的资源和能力，从而使企业能够具有持续的竞争优势。

因为动态能力理论更加符合企业的生存现实——研究主体企业被放置于动态环境之中，学者们对此理论的研究热情高涨。很多学者对于动态能力的性质、产生与发展以及动态能力对于企业长期的竞争优势的影响作用进行了深入的探讨，但是需要指出的是，动态能力在很大程度上具有不易操作性、难以检验性。虽然国内的学者对此进行了一些有益的尝试，但是很多实证研究中对于动态能力的维度划分的依据主要是通过文献回顾的方法取得。本研究拟通过一项适用的指导理论——组织控制论（生存系统模型）作为指导，分析企业在适应动态竞争环境过程中应具备的动态能力的内涵和构成要素，然后通过问卷调查的方式进行验证，以期对动态能力后续研究提供支持。

3.1 基于生存系统模型的动态能力内涵

近年来许多学者对动态能力的操作性研究进行了相关尝试，但是，效果甚微，正如 Zahra 等（2006）所指出的"关于动态能力的研究缺乏可靠的实证研究和测量手段"。其中，为了便于从不同的侧重点进行分类研究，学者们对动态能力进行了维度划分，相比较与为数不多的国外学者研究，国内学者更为直接地对动态能力维度进行了探讨，其中大部分学者将资源获取能力与资源配置、整合和重构能力作为动态能力的维度，如 Wang 等（2007）、李兴旺（2006）等，也有学者认为战略调整能力谭滔（2007）、俞枫（2008）和资源释放能力林萍（2009）、Eisenhardt 和 Martin（2000）同样是动态能力的维度。总的来说，目前对动态能力的构成维度研究还处于探索阶段，相关维度划分的分析缺乏对于企业内部与环境的整体的、系统的研究。本节借助组织控制论的杰出代表——生存系统模型作为指导，对企业动态能力应体现的关键的特征进行较为系统的分析。

在 20 世纪 70 年代 Stafford Be 控制论思想及神经生理学的基础上提出了生存系统模型（Viable Systems Model，VSM）。他在研究组织生存问题时发现传统的组织模型（建立在组织结构图基础上）难以说明组织如何适应外部环境及内部状态的变化，而全新的系统模型——生存系统模型却能指导其涉及或者改造过程。多样性平衡是生存系统模型最重要的基本思想之一，即研究如何使组织能够对环境的各种变化（有时是一些关键变化）做出有效反应。其中"生存"（Viable）这个词的英文本意就是多变的，所以引申为生存的含义就是指系统能够根据组织环境的动态性而随时保持与组织环境的多样性平衡。生存系统模型是组织控制论的杰出代表以一种非常适用的方式来描述对组织设计、改善必不可缺的各种控制论规律和原则。

由此可见，生存系统模型指导下的企业系统设计关注的环境多样性、动态性以及如何适应环境与企业动态能力是相辅相成的，应用生存系统模型作为指导理论来分析企业动态能力的内涵与构成维度是适用的。而且生存系统模型理论也可以很好地分析狭义动态能力的内涵、变化调整及构成要素的主要内容，系统理论的视角非常适于用来审查组织动态能力的观点。因此，本节应用生存系统模型作为指导思想来分析企业动态能力的构成因素。

3.2 基于生存系统模型的动态能力维度划分

生存系统模型常被用于组织"问题"的诊断，称作生存系统诊断（Viable System Diagnosis，简称VSD）。这种方法尤其适用于复杂不确定性"系统"，此种"系统"每个组成部分都有特定目标和功能，该系统面向变化的环境（我们称之为复杂）开放，并对组织长期目标或短期目标有普遍的或易达成的共识。本章综合上述观点进一步提炼动态能力的内涵，认为动态能力内涵可描述为企业适应环境变化过程中，动态更新其战略，通过与环境进行资源交互、内部整合、外部协调及组织学习形成系统地解决问题的潜力。

依据上述生存系统模型各个元素的分析，企业要想适应复杂快速变化的环境，其动态能力应具有如下5个要素：战略更新能力、组织学习能力、运行控制能力、关系协调能力和资源整合能力。这5个要素在生存系统模型中的相互关系如图3-1所示，与生存系统模型的各个子系统之间的对应关系及基本内涵在表3-1列出。

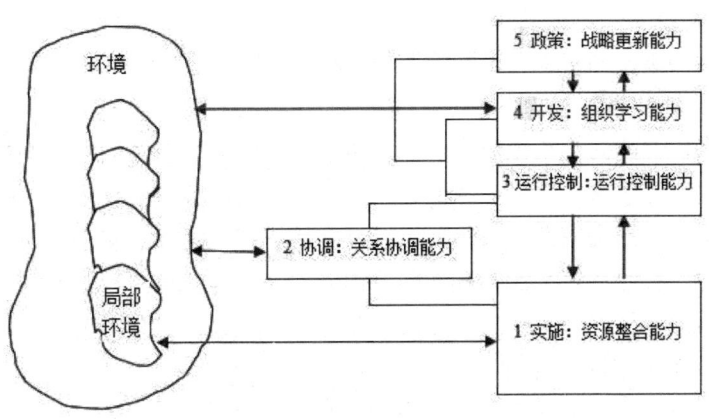

图3-1 基于生存系统模型的动态能力维度

(1) 资源整合能力

企业的运作就是资源的获取、利用和释放的过程，这是与使得企业能够成为"生存系统"直接相关的任务，因此资源整合能力与生存系统模型的"系统1"，即"实施"相对应。Eisenhardt 和 Martin（2000）认为，动态能力的内涵就是企业感知到外界竞争环境的变革、重组或者整合其内部资源与能力，从而使企业获得与环境变革要求相一致的竞争力。因此，资源整合能力应是企业动态能力一个重要的方面和具体表现形式，即企业从自身发展战略出发，从外部获取树立竞争优势的资源，并与现有资源进行恰当的整合与重构以及根据业务变化的需要处理闲置资源、协调部门内部人力资源等的能力。多项研究中对企业资源的获取、释放、整合与配置等进行了关注。

表 3-1 生存系统模型要素与动态能力各维度对应关系

生存系统模型要素	动态能力的维度
政策：基于获取的信息制定政策	战略更新能力
开发：新获取信息与内部经验同化、吸收	组织学习能力
运行控制：资源的优化利用	运行控制能力
协调：保证"实施"和谐运作	关系协调能力
实施：执行直接与目的相关的任务	资源整合能力

(2) 关系协调能力

为保证"实施"子系统的和谐运作，生存系统模型中"系统2"履行协调功能，关系协调能力为企业动态能力中与之相对应的维度。关系协调能力是指依据企业的发展战略，企业动态协调其与所处环境中各种关系以及企业各部门间关系的能力，其中所处环境中的主体主要包括供应商、政府部门、顾客等。贺小刚（2006）市场导向能力、曹红军等（2009）外部协调能力、林萍（2009）的市场导向能力都有相应的考虑。

(3) 运行控制能力

根据生存系统模型的组织设计思想，"系统3"是对资源的管理进而实现优化利用，一方面为"系统5"政策的制定从"系统1"

的运行过程中获取信息,另一方面向"系统1"传达、监督执行"系统5"的政策。因此运行控制能力是指根据竞争环境的要求,企业对具体的运作进行有效控制的能力,如对非核心业务的调整、对不再提供竞争优势的资源的释放以及企业经营规模的调整等方面。

(4) 组织学习能力

动态能力的组织学习能力维度首先指的是企业对其内外部信息的有效识别,然后根据需要获取必要的企业环境中的新信息并使之与企业内部现有经验进行同化并吸收的能力。由此,组织学习可以使得企业能够时常保持持续更新,注重企业与所处环境的信息交换。企业通过不断地学习,可以更快速、有效地对其资源进行有效配置,从而对环境变化做出快速反应。Teece(2007)提出的机会感知维度以及林萍(2009)、黄俊等(2010)都对组织学习能力进行关注。Zahra 和 George(2002),Pavlou 和 Sawy(2006)认为,组织学习能力可以描述为获取知识、吸收知识、转换知识和利用知识的动态过程。

(4) 战略更新能力

企业的战略更新能力,即企业根据环境的不断变化制订并及时更新发展战略,与战略的执行过程本身是相辅相成的。战略制订的合理、可操作性强,执行起来就能事半功倍;有效地执行能够让战略决策真正落地,也能促进下一轮决策的顺利制订。生存系统模型中"系统5"政策子系统,是通过"系统3"运行控制子系统获取的企业内部运作的信息和"系统4"组织全景视野信息为基础制订决策。此处的战略更新能力不仅指制订战略,还包括根据环境变化不断更新战略,使企业能够主动地适应环境的能力。Teece(2007)提出的战略重构、谭滔(2007)提出的战略更新能力以及俞枫(2008)的战略调整能力具有类似的含义。

3.3 动态能力维度间关系的内在机理

如前所述,生存系统模型中"系统1"的部件直接涉及实施,而"系统2"以和谐的方式协调"系统1"的各个部件,减缓各部件之间的失控震荡。"系统3"从根本上维持内部稳定性,向"系统1"的各个部件分配资源,确保政策的有效实施。由此,资源整合能力,即从外部获取树立竞争优势的资源,并与现有资源进行恰当的整合与重构以及根据业务变化的需要处理闲置资源、协调部门内部人力资源等的,是在有效的关系协调和运行控制的作用下,才能顺应企业发展战略高效展现出来。结合前部分的分析,本章假设提出如下:

H_{1a}:关系协调能力与资源整合能力之间有显著的正相关关系。

H_{1b}:运行控制能力与资源整合能力之间有显著的正相关关系。

"系统1""系统2"和"系统3"组成的"自主管理"系统,在一定程度上或者在一个框架内维持内部稳定性和优化系统表现,在动态能力系统中表现为资源整合能力、关系协调能力和运行控制能力表现过程中所积累的经验知识和隐性知识等促进企业的组织学习能力(当然,"系统4"还需要关注企业所处环境的全局视野),使其真正成为Beer所建议的企业的"运筹空间",即资源整合能力、关系协调能力和运行控制能力表现的优劣对于企业的组织学习能力产生重要的影响。因此我们提出如下假设:

H_{2a}:资源整合能力对组织学习能力有显著的正向影响作用。

H_{2b}:关系协调能力对组织学习能力有显著的正向影响作用。

H_{2c}:运行控制能力对组织学习能力有显著的正向影响作用。

生存系统模型中,"系统5"负责政策的制订,对从"系统1、2、3、4"的各种"过滤器"传递来的重要信号做出响应,体现出"整个系统"作为其所属的"更大系统"的一个部件的本质属性,因此,"系统5"是生存系统模型中最重要的一环。在企业动态能力系统中,"自主管理"系统("系统1""系统2"和"系统3")为企业战略更新能力提供内部运作的信息,而"系统4"——组织学习能力为其提供全景视野信息,进而制订战略并与环境相适应不断更新战略,体现企业适应环境的主动性。战略更新能力是其他所

有能力的"大脑",体现出动态能力系统的本质特征。因此我们提出以下假设:

H_{3a}:资源整合能力对战略更新能力有显著的正向影响作用。
H_{3b}:关系协调能力对战略更新能力有显著的正向影响作用。
H_{3c}:运行控制能力对战略更新能力有显著的正向影响作用。
H_{3d}:组织学习能力对战略更新能力有显著的正向影响作用。

相关假设如图 3-2 所示。

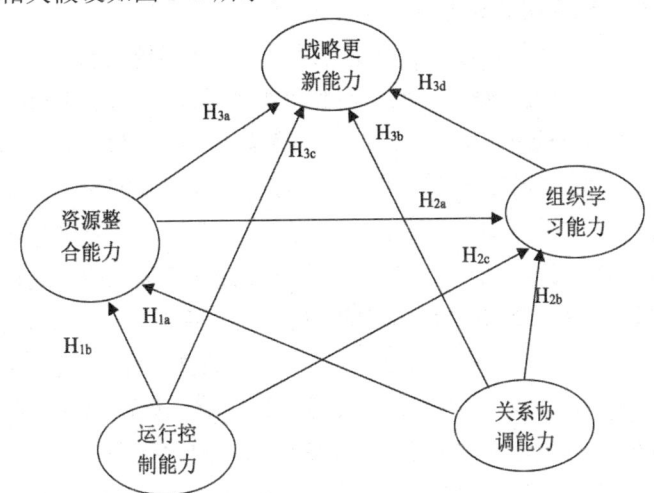

图 3-2 动态能力维度间关系模型

3.4 不确定环境下动态能力提升研究模型——IS 资源视角

在当下,企业所处市场状况更加复杂,竞争更加激烈,企业要想生存下去必须对这个呈现更高的动态性和不确定性的环境能够快速反应。而企业能力的构建是许多因素共同作用的结果,其中企业信息化过程中不断积累的信息系统(IS)资源就是培育企业能力的一个重要方面。IS 资源的作用很多,最关键的是它可以帮助企业提高获取、整合与释放其他关键资源的效果。而资源的整合、内部资源的组织与重构以及获取和释放资源是动态能力的重要表现形式。最初的动态能力理论研究框架中,组织流程是其中重要的组成部分之一，已有理论支持企业的动态能力能够通过流程融合来提升，而IS资源对企业业务流程运作以及流程融合的促进作用是在研究和实践中都得到了认可，但是并未有研究将IS资源、流程融合与企业动态能力的关系进行探讨。本节的研究目的就是分析IS资源、流程融合与企业动态能力提升的内在机理，并提出具体研究模型与假设。

3.4.1 基本研究框架

由于拥有动态能力对于当前的组织来说变得越来越重要，近期一些对于IT影响的研究聚焦于检验组织动态能力作为IT资产的间接影响，如Sambamurthy等（2003）为理解组织IT应用与动态能力（特别是动态能力表现之一——组织敏捷性）以及竞争产出之间的影响关系提供了理论基础，指出IT资产在战略执行过程的相互作用下提升企业的动态能力。在此后，很多学者分别从理论或者实证的角度针对IT应用、IS能力在动态能力提升过程中的影响进行分析。

Sher和Lee（2004）从企业的内生和外生知识管理视角研究了使用IT应用程序来增强企业动态能力的影响。该研究表明，信息化应用对于知识管理的支持关注不够深入。郑大庆等（2006）通过定性的理论分析，得出IS资源是促使企业能力提升的重要方面，从企业流程视角分析IS资源如何通过管理过程对企业的动态能力产生积极的影响。钟国梁（2009）仅从理论上讨论企业的IT能力在企业动态能力构建过程中的作用。Lee等（2006）通过对于组织中探索式IT管理和开发式IT管理两种过程的分析，构建了IT使能的动态能力构建概念模型，为实证研究IT应用提升组织动态能力提出了理论依据。

随着研究的深入和管理实践的发展，目前越来越多的学者和企业在探讨和实践通过IT应用、提升IS资源来发展动态能力。现有文献中基于IS资源（或者IT应用）的企业动态能力构建的研究框架以理论探讨居多，完整的信息化视角下企业动态能力构建的研究框架及实证研究少之又少。但是IS资源对于企业动态能力构建的积极影响作用已经得到包括上述提到的学者在内的很多认同，IS 资源具有很多动态属性，因而会对在快速变化环境中运作的企业特别有用。

最初的动态能力理论研究框架中，组织流程是其中重要的组成部分之一，已有文献从流程融合的角度讨论企业动态能力提升过程，并实证验证了流程融合对于动态能力提升的积极影响作用，而 IT/IS 应用积累的 IS 资源，能够给企业的业务处理流程进行梳理和优化，促进部门之间协作的流程融合，从而更有效地实现企业目标，这些促进作用过程在现有文献或者企业实践中都已经达成共识。而信息技术是企业战略变革和结构重组的主要驱动器，IT 能够使信息在企业内部各层次、各部门间有效共享，进而促进组织中各层级的业务功能整合。因此，本研究希望能够深入分析 IS 资源与组织流程融合如何相互作用，进而起到对企业动态能力构建与提升的影响作用的研究，使企业加深认识，进而指导实践。

对于所有 IS 资源来说，毫无疑问，他们对于企业来说都是有价值的，并且具有相对稀缺性，同样具有相对较低的易模仿性和易替代性。根据资源基础观的理论，具备上述四个属性的 IS 资源，即由内而外的 IS 资源、跨越的 IS 资源和由外而内的 IS 资源可以是企业赢得短期竞争优势，并可能进一步形成长期竞争优势。那么是否可以通过对三类 IS 资源的属性分析来说明其在企业动态能力提升过程中起什么样的作用？也就是说，哪些属性的 IS 资源能够在动态能力提升过程中体现更显著的作用，也是本章研究的一个方面，如图 3-3 研究基本框架所示。

不论是本章中动态能力内涵分析所依据的生存系统模型，还是动态能力已有文献回顾，都可以清楚地看到，动态能力针对的问题就是企业如何能够在不确定性环境下持续"生存"，保持生存。环境不确定性与企业绩效之间的关系已引起学者们的研究兴趣，但是环境不确定性所起的作用仍存在争论。部分学者认为，环境不确定性对于企业来说，意味着大量新的机会和资源，对于那些能够感知到并且抓住这些机会和资源的企业来说，则可以获取短期甚至长期的竞争优势；另一部分学者则认为，对企业来说环境不确定性意味着不可预见性，企业的各项业务活动都可能被不确定性干扰，因为会使企业失去竞争力，不再具备竞争优势。当然，上述两类学者的观点，都表明了环境不确定性能够直接作用于企业竞争优势。除此之外，还有学者对于环境不确定性在某些变量与企业的竞争优势或者绩效之间的关系中起到调节作用，即间接关系的研究。因此，关于环境不确定性在动态能力提升过程中究竟是起到直接的驱动作用，还是在从 IS 资源视角建立和提升企业动态能力这一过程中环境不确定性起到间接的调节作用也是本书的研究内容之一。

因此基于以上分析，结合 IS 资源、组织流程融合与动态能力的相关文献研究，本节在本章依据生存系统模型（生存系统模型）进行动态能力维度分析的基础上，构建出 IS 资源、组织流程融合与动态能力关系的基本研究框架，如图 3-3 所示。

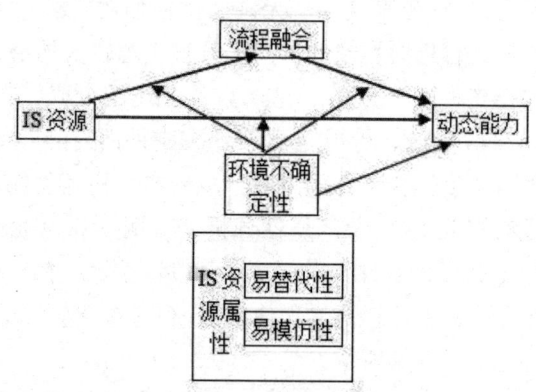

图 3-3 基于 IS 资源的企业动态能力提升研究框架

3.4.2 IS 资源与动态能力

3.4.2.1 IS 资源

根据第二章中文献综述，从 Ross 等（1996）将 IS 资源划分为三种 IT 资产，分别为人员资产（如技能、商业理解力、问题解决倾向）、技术资产（如物理 IT 资产、IT 技术平台、数据库、软件架构或标准等）以及基于 IT 的关系资产（如与其他部门间的关系、客户关系、高层管理层的参与、共享风险与责任），这些 IT 资产与 IT 流程都能够为企业带来价值和竞争力。随后 Bharadwaj（2000）进一步将其提炼为 IT 基础设施资源、IT 人力资源和基于 IT 的无形资源。再之后 Feeny 和 Willcocks（1998）识别出企业的 9 种核心 IS 能力，并将其组织成为四个有交叉的区域。这些区域分别是业务与 IT 视角（IT 与企业其他部门间的集成）、IT 基础设施的设计（IT 开发技能）、IS 服务的传输（实施企业、供应商与客户间的交易）和能力的核心集（包括 IS 领导力和完全信息交易）。对 IS 资源集合的识别与定义越来越详细、具体。

Wade 和 Huland（2004）识别出八项关键的 IS 资源，并且将它们组织到 Day（1994）所提出的分类框架中，即由外而内的 IS 资源、由内而外的 IS 资源和跨越的 IS 资源，这一分类具有较高的可信度，本书也采用这种做法。

（1）由外而内的 IS 资源

这一类 IS 资源可以从两方面进行描述。一方面是外部关系管理，即企业管理 IS 功能与企业外部利益相关者之间联系的能力，很多大型的 IS 部门很大一部分工作依赖外部交易伙伴。这种共同工作及关系的管理是一种导致竞争优势和较优的企业业绩的重要的组织资源。它可以表示为企业具有的与供应商共同开发适当的系统和基础设施需求的能力，或者通过提供解决方案、提供支持或顾客服务从而进行的客户关系管理。本类别中还有一种就是基于 IS 应用的市场响应，意味着企业从环境中收集信息，并且使之在企业部门间有效传递，也包括企业组织对这些信息的有效响应。因此，该项 IS 资源为组织能够在环境变革时及时采取战略变革提供信息基础。

（2）跨越的 IS 资源

跨越的 IS 资源分为 IS/业务关系与 IS 规划和变革管理两类。

其中，IS/业务关系表示 IS 功能与企业其他的功能领域或部门的集成和融合的过程。IS 融合特别是与业务战略的融合的重要性在很多文献中已有论述。这些联系能够帮助企业跨越各职能部门之间存在的鸿沟，为企业形成优越的竞争潜力和业务绩效，这项 IS 资源的重要作用之一就是能够促进企业内部流程的协作。IS 规划和变革管理要求企业能够预见信息技术未来变革路径和增长的能力，为适应变化并能够对新兴技术变革进行管理控制而选用合适的信息系统平台，包括硬件、软件标准和网络等资源。

（3）由内而外的 IS 资源

由内而外的 IS 资源由四个方面来体现，即 IS 基础设施、IS 技术技能、IS 开发和有成本效益的 IS 运行。IS 基础设施在先前多数研究的描述中不具备稀缺性、容易模仿、易迁移等，所以不会传递出任何特定的战略竞争优势。IS 技术技能指的是企业信息技术部门人员所应具备的关于系统硬件和软件科技发展而进行必要的、适时的技能提升能力。IS 开发指企业完善已有技术和利用新技术的能力以及企业对新兴技术的敏感性和对新兴技术的迅速采用的水平。

动态能力内涵与维度划分依据前一节在生存系统模型理论指导进行分析的结果，在此不再赘述。

3.4.2.2 IS 资源与动态能力

企业信息化建设能够帮助企业有效获取企业内部、外部信息，针对环境变化需求制订适应的企业战略；利于企业横向、纵向的信息流动，形成企业知识；协助企业根据环境变化企业与各个利益相关者间的关系等。而根据环境需要获取和整合企业的各种资源，重构企业流程对战略做出适当调整正是动态能力的表现形式。因此这些都是 IS 资源对于企业动态能力提升作用的具体体现。最初的动态能力理论研究框架中，组织流程是其中重要的组成部分之一，已有文献从流程融合的角度讨论企业动态能力提升过程，并实证验证了流程融合对于动态能力提升的积极影响作用，而 IT/IS 应用积累的 IS 资源能够给企业的业务处理流程进行梳理和优化，促进部门之间协作的流程融合，从而更有效地实现企业目标，这些促进作用过程在现有文献或者企业实践中都已经达成共识。

近期一些对于 IT 影响作用的研究聚焦于检验组织动态能力作为 IT 资产的间接影响，或从理论分析，或通过案例研究，或进行实证研究取得了很多有益的成果。如 Sambamurthy 等（2003），Sher 和 Lee（2004），郑大庆等（2006）通过定性的理论分析，得出 IS 资源是促使企业能力提升的重要方面，从企业流程视角分析 IS 资源如何通过管理过程对企业的动态能力产生积极的影响。钟国梁（2009）也从理论上分析企业的 IT 能力在企业动态能力构建过程中的作用，并以泰国某企业为例进行说明。Lee 等（2006）通过对于组织中探索式 IT 管理和开发式 IT 管理两种过程的分析，构建了 IT 使能的动态能力构建概念模型，为实证研究 IT 应用提升组织动态能力提出了理论依据。

曹红军等（2009）通过对实证研究结果进行分析指出，动态能力的其中一个维度——动态信息利用能力是其核心一环，建议企业先从建立信息系统入手开发企业动态信息能力，也说明了信息系统与动态能力之间的相关关系。

通过前述文献分析，对于 IS 资源能够促进企业动态能力提升的理论和实证研究已经取得了不少成果，但是仍存在一些不足，如对于动态能力的分析不够深入，仅描述动态能力在某个或者某两个侧面，本节中使用前一章研究结果，即基于生存系统模型的理论指导，分析企业应对动态复杂环境必不可缺的动态能力维度，认为企业的 IS 资源能够从总体上对动态能力提升具有积极作用，提出假设 H_4。

H_4：IS 资源在总体上对企业动态能力有积极的显著影响。

IS 资源中，由内而外的资源着眼于企业内部配置以应对市场需求和机会，因此对于企业资源的获取、整合与配置等动态能力体现的与企业目的相关的实施部分具有促进作用。同时该项资源也能够促进企业中知识、信息的有效共享，如 IS 基础设施。由外而内的资源是外部导向的，着重强调预期的市场需求，创造持久的顾客关系，并了解竞争者，对于企业有效实现关系协调并从企业外部积极获取关于机遇与挑战的信息等方面的能力具有积极影响。跨越的能力被用来整合企业的内部和外部能力，如企业 IS/业务关系这一信息系统资源通过对企业内部业务流程和面向企业外部的业务流程的支持作用，进而协调企业内部各个部门间关系、企业与外部的利益相关者的关系，又如 IS 管理和规划，通过制订 IS 战略规划和信息化应用适应企业和环境的变革，这与企业的战略更新能力的提升是一致的。因此，得出如下假设 H_{4a}、假设 H_{4b} 和假设 H_{4c}。

H_{4a}：IS 资源中由外而内的资源对企业动态能力有积极的显著影响。

H_{4b}：IS 资源中跨越的资源对企业动态能力有积极的显著影响。

H_{4c}：IS 资源中的由内而外的资源对企业动态能力有积极的显著影响。

3.4.3 IS 资源的互补性资源

资源基础观（资源基础观）理论一直注重互补性资源的研究，其认为，资源很少能够独自扮演创造持续竞争优势的角色，而对于 IS 资源更是如此，IS 资源通常通过与其他的企业资源的互补性作用，如与企业战略、人力资源等的联合从而为企业带来竞争优势。

Lee 等（2006）建立了 IT 使能的动态能力创建模型中，所分析的 IT 使能企业动态能力创建的路径之一就是 IT 应用形成的持续性 IT 能力通过与中介变量的共同作用进而使企业形成并提升动态能力，其中的中介变量为业务流程或其他资源。因此，随着企业信息化的应用，IS 资源的获取与积累对于企业各种业务流程的运作以及流程融合的促进作用是毋庸置疑的，在研究和实践中都得到了认可，但是流程融合在 IS 资源与企业动态能力的关系中是否起到中介作用以及该中介作用是否是完全或者部分中介作用之前的文献中未有涉及，本书认为，流程融合在 IS 资源与企业动态能力之间关系起到部分的中介作用，而对于不同类型 IS 资源与企业动态能力之间关系起到的中介作用不同。

3.4.3.1 流程融合

组织流程融合指的是组织为达到协调一致地追求整体目标、提升绩效并保持竞争优势，而对各组成部分进行的协调安排。组织为了响应环境的不断变化必须设计其组织结构系统、战略和技术等资源，这样才能在日益激烈的竞争中存活并壮大。之前很多研究通过实证的方式证明了组织流程融合能够对组织绩效产生显著的积极影响。

组织流程融合具有多维度含义，Anand 和 Daft（2007）在研究中论述了不同的组织结构和组织设计以及这些组织结构与设计如何使得组织流程实现融合。融合理论指出，组织员工的行为与组织目标需要在组织结构变革、战略执行和组织文化改革等各阶段保持一致。Weiser（2000）认为，为了将组织各个领域联系在一起并且在贯穿组织变革和融合的全过程中提供一条信息生命线，组织结构必须被重新设计为跨职能的。Hall（2002）观测到融合需要持续关注客户及其不断变化的需求，也应该考虑到战略导向。在一个知识经济时代，信息技术（IT）是当前知识管理实践中非常基本的，也是不可或缺的一个元素。于是，支持核心流程变革的 IT 融合对于组织的流程融合有非常关键的作用，而 IT 融合过程也必须顺应组织结构迈向扁平化管理模式的变革。因此，当一个组织达到适当的融合时，组织结构、战略规划和支持组织核心流程与目标的 IT 技术一定能够确保更好的绩效。组织流程融合可以解释为组织为使流程成为组织结构设计与实现、战略规划制订与实施和 IT 应用的运行平台而进行的各项努力。综上所述，本书将组织流程融合视为一个三维度结构，包括结构流程融合、战略流程融合和 IT 流程融合。Schwarz 等 2010）将 IT 流程融合描述为企业的一项动态能力，指的是企业将 IS/IT 资源与业务资源融合在一个战略框架内以获取组织竞争优势。

3.4.3.2 IS 资源、流程融合与动态能力

组织流程融合是企业协调各部门，从而使其能够和谐运行以达到组织目标，提升绩效和获取持续竞争优势。组织系统需要重组自身的功能部门与业务子系统，从而实现与应急环境、战略和技术等方面的整合统一，进而生存并成功获取持续的竞争优势。许多先前的研究中实证支持了流程融合能够积极影响组织绩效。知识经济时代，信息化应用是当前企业管理实践中最基础和必不可少的元素，信息技术是企业战略变革和结构重组的主要驱动器。IT 技术能够使信息在企业内部各层次、各部门间有效共享，进而促进组织中各层级的业务功能整合。因此，企业通过信息化应用进而不断获取、积累的 IS 资源对于流程融合将具有积极的影响作用，基于此，提出假设 H_5。

H_5：IS 资源对于流程融合有积极的显著影响。

先前关于流程融合的文献大多集中在组织流程融合对组织绩效的促进作用的研究，如研究战略融合与组织绩效存在显著的影响关系，企业的战略融合能够为其提供更为动态的运作平台并提升其战略能力。

从动态能力观点来看，学者们对于流程融合、企业动态能力的影响作用也有涉及。从较早的文献，最初的动态能力理论研究框架中，组织流程是其中重要的组成部分之一，已有文献从流程融合的角度讨论企业动态能力提升过程，并实证验证了流程融合对于动态能力提升的积极影响作用，Wheeler（2002）提出了一个数字网络使能的业务创新循环理论，该理论论证了 IT 技术如何促进动态能力的提升，理论识别出一个四维度结构（如，选定新兴 IT 技术、将 IT 技术与经济机遇相匹配、执行业务创新和评估客户价值）和与其内在关联的业务流程共同组成一个环。Hung 等（2010）验证了在动态能力的中介作用下，流程融合与组织学习文化对动态能力的影响作用，其中也验证了流程融合对于动态能力的促进作用。据此，本节提出假设 H_6。

H_6：流程融合对企业动态能力有积极的显著影响。

互补性资源在资源基础观中已有较多关注，多数学者对其定义源于资源属性相互弥补产生增值效用。资源基础观理论一直注重互补性资源的研究，其认为，资源很少能够独自地扮演创造持续竞争优势的角色，而对于 IS 资源更是如此，IS 资源通常通过与其他的企业资源的互补性作用，如与企业战略、人力资源等的联合从而为企业带来竞争优势。

Lee 等（2006）建立了 IT 使能的动态能力创建模型，其中所分析的 IT 使能企业动态能力创建的路径之一就是 IT 应用形成的持续性 IT 能力通过与中介变量的共同作用进而使能动态能力建立，其中的中介变量为业务流程或其他资源。因此，随着企业信息化的应用，IS 资源的获取与积累对于企业各种业务流程的运作以及流程融合的促进作用是毋庸置疑的，在研究和实践中都得到了认可，但是流程融合在 IS 资源与企业动态能力的关系中是否起到中介作用以及该中介作用是否是完全或者部分中介作用，之前的文献中未有涉及，本节认为，流程融合在 IS 资源与企业动态能力之间关系起到部分的中介作用，而对于不同类型 IS 资源与企业动态能力之间关系起到的中介作用不同，得出假设 H_7。

H_7：流程融合在 IS 资源与企业动态能力的关系中起中介作用。

3.4.4 IS 资源属性分析

Barney（1991）提出，企业资源之所以能够为其带来竞争优势，需要具备以下四个关键属性，即价值性、稀缺性、不易模仿性和不可替代性。Peteraf（1993）将这四个资源属性分成两类，即优势建立之前的限制和优势建立之后的限制。即企业可以通过获取和配置具有价值性和稀缺性的资源而获得竞争优势，而且一般来说这一优势是短期的；而在企业赢得竞争优势之后，如果具备的资源体现出一定程度的不易模仿性和不易替代性，则企业的优势将持续较长时间。

对于前述三类 IS 资源的价值性毋庸置疑，而对于 IS 资源是否具备稀缺性、不易模仿性和不易替代性及相应属性的程度高低，仍存在争论。企业能够获取持续竞争优势的必要条件就是资源必须是不易迁移的或不可交易的。有些资源更容易交易，如技术性资产，单纯的硬件和软件都是相对较容易获取。而技术性知识、管理经验等则难以获得。

在考虑可替代性时需要回答的一个关键问题是，是否存在一种战略等价的资源并且对于企业来说是可以潜在可获取且可以导致战略等效的效益。对于 IS 基础设施来说，企业较难以通过替代品而获取相同的竞争位势，因此其具有相对较低程度的易替代性。IS 开发及其他 IS 运营操作可以通过外包等形式完成，所以其可替代性较高。由外而内的 IS 资源和跨越的资源较不易被替代。

笔者认为，由外而内和跨越的资源（特别是 IS/业务关系、外部关系管理）由于其形成的独特路径以及更高的社会复杂性，因此更加难以模仿，并具有更稀少的战略等价资源，而 IS 基础设施等由内而外的资源是相对最易模仿和易于替代的。由此引申出另一个问题，企业不同类型的 IS 资源在对动态能力提升与构建过程中所起的作用不同，是否可以通过对各项 IS 资源的价值性、稀缺性、不易模仿性和不可替代性的程度这些属性的分析来解释？

另外，动态能力的提出所针对的问题就是有些企业在动态竞争环境中存活下来并保持竞争优势，而有的企业虽然具备很多资源但是仍然无法适应环境的变化，由此，动态能力本身含有是否能使企业获得持续性的竞争优势这一含义。这与上述资源基础观的关于资源的"优势建立之后的限制"的属性密切相关，因此，本书中考虑的 IS 资源属性中不易模仿性与不可替代性是重点研究对象，可得如下假设 H_8 和 H_9。

H_8：对于 IS 资源的易模仿性来说，由外而内的 IS 资源与跨越的 IS 资源无显著不同；相对于由内而外的资源，由外而内的 IS 资源与跨越的 IS 资源具有显著的较低水平的易模仿性。

H_9：对于 IS 资源的易替代性来说，由外而内的 IS 资源与跨越的 IS 资源无显著不同；相对于由内而外的资源，由外而内的 IS 资源与跨越的 IS 资源具有显著的较低水平的易替代性。

3.4.5 环境不确定性的影响作用

根据前文对于环境不确定性的文献分析，关于环境不确定性变量的描述可以从环境动态性、环境敌对性和环境复杂性三方面进行。环境的动态性表达环境中相关因素改变的程度和频率，如产业变革速率以及利益相关者如竞争对手和客户行为的不确定和不可预测性；敌对性意味着企业所在产业的竞争的多维度和竞争的强度和激烈程度；复杂性是指企业存续下去所需知识的复杂程度和环境因素多样性的程度。

关于环境不确定性的三种主要研究类型：将其作为控制变量；基于权变理论，将其作为调节变量，分析其在某变量对企业绩效等的影响关系中的调节作用；将其作为自变量，考察环境不确定性的直接影响作用。本书中对于环境不确定性的考察以后两种为主，即考察其是否在 IS 资源对动态能力的影响关系中存在调节作用，抑或能够直接驱动动态能力的构建与提升。

3.4.5.1 环境不确定性的调节作用

现有文献，大多是在研究动态能力与后续结果变量之间的关系中分析环境不确定性或者环境动态性在其中所起的作用。这些后续结果变量中有组织绩效、创新绩效、技术创新等，如陈志军等（2015）、付丙海等（2016）、简兆权等（2015）分别发现环境不确定性（动态性）在动态能力与后续结果变量之间的影响关系中存在调节作用。并未有相关文献从动态能力的构建过程特别是企业信息化角度分析环境动态性在其中的调节作用。

在当前数字经济、互联网经济环境下，企业所处环境的动态性特征表现更加明显，体现为速度更快的技术更新、各种基于"互联网+"平台的新型创新模式层出不穷、产品消费需求不断变化、电子商务模式迅猛发展等，这都加剧了环境的动态性。而环境的敌对性关注的不只是竞争者，也包括企业所处环境中其他的所有利益相关者，比如政府部门等，敌对性主要来源于全行业或者特点企业获取、交互资源过程中对资源的竞争程度加剧，进而导致企业生存环境的敌对性。鉴于环境复杂性的量表设计在已有文献中多是以一项或者两项的题项进行分析，本书采用 Baum 和 Wally（2003）、李大元（2008）等的观点，即环境不确定性可以从环境动态性和环境敌对性两个主要的方面展开分析。

在动荡的、快速变革的环境中，相对于较稳定的环境中所需的资产和能力，企业需要更多不同的资产和能力以获取更优的绩效（Eisenhardt and Martin,2000；Teece et al. 1997）。在一个相对稳定的商业环境中，管理者的大量精力都投向如何为企业产生竞争优势。因为在这种情况下环境变化较慢，企业能够获取到的竞争优势很可能能够持续一段较长的时间。相对的，在动荡环境中，很多优势都是短期的，因为竞争压力和环境压力会快速破坏资源的价值和其异质性。在这种环境中，能够保持在商业趋势中的高位、快速对变化的市场需求进行响应的能力对于出众的企业绩效来说是关键的。

陈志军等（2015）和杜俊义等（2017）的研究得出相似的结论，他们指出环境动态性在影响动态能力与组织绩效或者创新绩效关系中的角色是调节变量，即环境动态性越高，企业动态能力对组织绩效或者创新绩效的正向影响就越显著。

环境越动荡、越敌对时，即企业能够充分利用自己的各项 IS 资源更好地抓住机遇、调配资源，不断更新自身战略并实施，进而能够在适应环境变化过程中形成和保持自身的竞争优势，因此综上所述，本章提出如下假设：

H_{10a}：环境动态性在 IS 资源与动态能力的影响关系中起到调节作用；

H_{10b}：环境敌对性在 IS 资源与动态能力的影响关系中起到调节作用；

H_{11a}：环境动态性在流程融合与动态能力的影响关系中起到调节作用；

H_{11b}：环境敌对性在流程融合与动态能力的影响关系中起到调节作用；

H_{12a}：环境动态性在 IS 资源与流程融合的影响关系中起到调节作用；

H_{12b}：环境敌对性在 IS 资源与流程融合的影响关系中起到调节作用。

3.4.5.2 环境不确定性的驱动作用

很多学者发现环境不确定性不仅是动态能力与企业绩效关系中的重要的调节变量，还是动态能力的驱动变量。他们认为，与相对稳定的环境相比，在一个快速变革、不断发生动荡的环境中，企业感知到环境的变化，迫使自身产生适应环境变革要求的能力。最早提出动态能力理论研究框架的 Teece 等（1997）就认为，组织的外部环境在其动态能力形成与发展过程中是一个非常重要的因素。在越是高度动态的环境中，企业动态能力存在不同的表现形式，并产生不同的功效。即在相对稳定的环境中，动态能力的功效不是很明显，而在高度动态、敌对的环境中，机会稍纵即逝，威胁处处存在，企业需要高度的动态能力适应这种变化的环境。

李大元（2008）、马卫东等（2012）发现环境不确定性对于动态能力存在限制影响，曾萍等（2012）则发现，环境动态性通过其他的中介变量，如创业导向或者创业导向与组织学习简介的驱动动态能力的构建。

综上，本章提出如下假设：

H13a：环境动态性是动态能力的直接驱动因素；

H13b：环境敌对性是动态能力的直接驱动因素。

3.4.6 不确定性环境下基于 IS 资源的企业动态能力的研究模型与假设汇总

根据本节前述内容的分析，企业的 IS 资源能够对动态能力产生显著正向影响，或者通过互补性资源——流程融合达成这一目的，而环境不确定性在这一影响过程中可能起到调节作用，也可能环境不确定性直接驱动动态能力的发展。

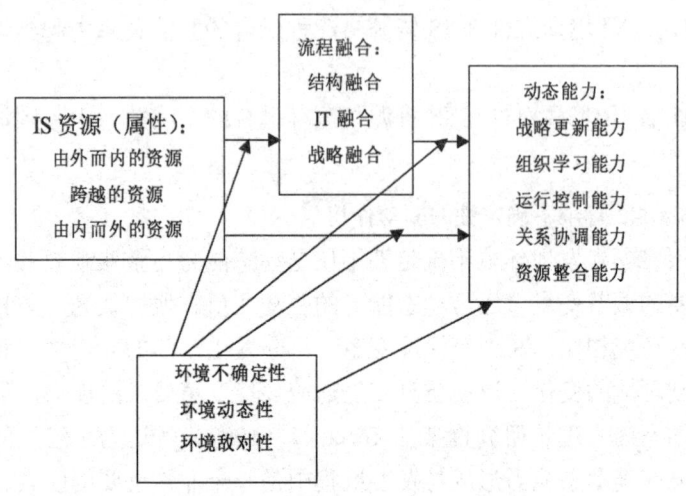

图 3-4 IS 资源、组织流程融合与动态能力关系框架

不同 IS 资源的易模仿性和易替代性的属性体现出不同的水平，这也许能够解释不同的 IS 资源在动态能力形成与发展过程中所起的不同作用的原因。由此得出本章不确定性环境下基于 IS 资源的企业动态能力的研究模型，如图 3-4 所示。

相关的假设汇总如表 3-2 所示。

表 3-2 不确定环境下 IS 资源与动态能力关系的相关假设

假设编号	假设内容
H_4	IS 资源在总体上对企业动态能力有积极的显著影响
H_{4a}	IS 资源中由外而内的资源对企业动态能力有积极的显著影响
H_{4b}	IS 资源中跨越的资源对企业动态能力有积极的显著影响
H_{4c}	IS 资源中的由内而外的资源对企业动态能力有积极的显著影响
H_5	IS 资源对于流程融合有积极的显著影响
H_6	流程融合对企业动态能力有积极的显著影响
H_7	流程融合在 IS 资源与企业动态能力的关系中起中介作用

假设编号	假设内容
H_8	对于 IS 资源的易模仿性来说，由外而内的 IS 资源与跨越的 IS 资源无显著不同；相对于由内而外的资源，由外而内的 IS 资源与跨越的 IS 资源具有显著的较低水平的易模仿性
H_9	对于 IS 资源的易替代性来说，由外而内的 IS 资源与跨越的 IS 资源无显著不同；相对于由内而外的资源，由外而内的 IS 资源与跨越的 IS 资源具有显著的较低水平的易替代性
H_{10a}	环境动态性在 IS 资源与动态能力的影响关系中起到调节作用
H_{10b}	环境敌对性在 IS 资源与动态能力的影响关系中起到调节作用
H_{11a}	环境动态性在流程融合与动态能力的影响关系中起到调节作用
H_{11b}	环境敌对性在流程融合与动态能力的影响关系中起到调节作用
H_{12a}	环境动态性在 IS 资源与流程融合的影响关系中起到调节作用
H_{12b}	环境敌对性在 IS 资源与流程融合的影响关系中起到调节作用
H_{13a}	环境动态性是动态能力的直接驱动因素
H_{13b}	环境敌对性是动态能力的直接驱动因素

3.5 本章小结

对于动态能力的研究现有文献非常丰富，但是学界对于动态能力的内涵研究仍然存在不一致性。本章依据经典文献和关注不确定性环境的组织设计理论——生存系统模型，提出动态能力的内涵，并指出动态能力是战略更新能力、组织学习能力、运行控制能力、关系协调能力和资源整合能力五维度整合系统。

基于生存系统模型，本章提出动态能力五维度之间相互联系的内在机理假设。进一步通过文献梳理得出不确定环境下基于 IS 资源的动态能力提升研究模型和相关假设，为下一步进行实证研究提供基础。

第 4 章 研究设计与过程

4.1 研究设计

目前，在涉及信息管理和信息系统研究的国内外研究文献中，尤其是以社会科学研究为主题的一些国际期刊上，很多学者已经把实证研究作为一种普遍使用的方法。本章研究就是在前两章理论综述和研究模型设计等基础上，通过设计调查问卷并回收数据，验证模型提出的相关假设。

前一章中，本研究提出了基于生存系统模型的企业动态能力维度划分以及维度间关系的内在机理相关假设，并提出不确定性环境下基于 IS 资源的企业动态能力提升的相关假设，本章将在这些假设的基础上，设计问卷获取调查数据。

当一种社会现象被研究者观察并研究，从中预期找出或发现哪些变量起了关键作用，这些变量之间有什么逻辑关系，在这种思考体系指导下，根据研究目的和假设，先设计良好的结构化问卷来收集数据，根据不同的研究内容选择研究对象，然后将研究模型中的测量变量转化为清晰明了的提问项，最后根据回收回来的调查对象对调查问卷的答案，结合适当的统计方法加以检验和分析，这就是社会调查中普遍采用的问卷调查方法。根据问卷调查检验分析的结果，对最初的研究模型和假设进行修正，最终得到的验证后的模型，就是能够反映透过复杂现象发现其中起关键作用因素之间的关系的模型。

4.2 问卷设计与发放、收集过程

4.2.1 问卷设计

本研究在问卷设计中，为了保证问卷具有相当的有效性，参照了 Churchill（1979）、Seaker 和 waller（1994）的研究方法。同时，为了达到本书的研究目的，问卷的测量题项设计流程如下：设置初始测量题项时以从经典文献中获取为基础；多次进行测量题项的修改，一是与企业信息化领域相关学者讨论完成，二是与有过信息化建设实践的企业相关人员讨论完成；而问卷题项的最终稿是在预测试结束后完善并确定的。

整个具体的流程解释如下：

阶段 I：确定初始测量题项。

通过进行大量文献阅读，结合动态能力的独特内涵来确定。查阅相关文献确定 IS 资源、IS 资源属性、环境不确定性、流程融合等的初始测量题项。

阶段 II：修改测量题项。

途径一是在作者所处学术团队内部相关信息化领域的学者共同讨论，对问卷进行反复修订，涉及问卷的所有内容，如测量题项措辞、题项归类、题项长度、题项合并、题项删除、题项增加、问卷结果预测等。途径二是作者请教咨询了同领域内的专家（包括企业界领域内专家），根据反馈意见，对各变量的初始测量题项进行了修改，形成了问卷第二稿。

阶段 III：确定最终问卷测量题项。

在前两个阶段完成的基础上，对问卷二稿进行了一个包含 5 个测试对象的预测试，结合他们的反馈和建议，修改了问卷二稿，从而形成了调查问卷的最终版（详见附录）。

问卷内容包括两部分，第一部分是被调查人个人及其所在企业相关信息；第二部分是问卷主体的测量题项，包括：

（1）IS 资源及其属性描述题项；

（2）环境不确定性的描述题项；

(3) 流程融合的描述题项；

(4) 动态能力的测量题项。

4.2.2 问卷发放与收集

(1) 样本发放对象与被调查区域选择

在本研究中样本企业的选择、数据的回收分成了两批问卷进行。第一批问卷的发放和回收过程是为了以小样本角度，对企业动态能力水平等进行初步验证，即是否能够体现企业动态能力，或者说企业动态能力水平在行业、产业中所处的位置。因为是小样本而且只是初步检验，所以第一批调查过程样本企业的来源区域覆盖面不够广，本研究中选择的是山东省内企业。具体方式为通过课堂的方式，向山东大学管理学院的 EMBA 等学员，进行问卷发放并回收，这些学员中绝大部分来自山东省各地市。

第二批问卷发放和收集数据的过程，具体体现从大样本角度进一步验证动态能力以及基于 IS 资源的动态能力提升过程的各种具体假设，覆盖范围较广，也需要采集有较高代表性的数据。本次数据采集过程通过网络拓展的方式或通过邮件和直接接触的方式向企业相关负责人发放问卷。

(2) 数据收集

第一批问卷共发放 180 份，回收 139 份（其中无效问卷 20 份），有效回收率达到 66.11%，持续时间是 2014 年 11 月—2014 年 12 月。第二次问卷共发放 520 份，回收 291 份（其中无效问卷 75 份），有效回收率 41.54%，问卷发放时间为 2015 年 3 月—2015 年 12 月。两批次问卷总计回收有效份数为 335 份，并且对不同时间回收问卷进行 T 检验发现，没有显著差异，因而其在统计上能够代表总体。

样本数据的基本情况统计如表 4-1 所示，回收数据显示，从企业性质来看，集中在国有企业（41.7%）和民营企业（43.1%）两类；从企业所处行业来看，较均匀分布于高科技、传统制造、建筑/房产、商贸/服务和其他 5 类中（商贸/服务类所占比例最大为 24.3%，其他类所占比例最小为 15.7%）。回收数据在本研究中采用 SPSS18.0 和 Amos17.0 软件进行处理分析。

表 4-1 样本基本资料统计

企业特征	分类标准	样本数	样本合计	百分比
企业性质	国有企业	140	335	41.7
	集体企业	5		1.4
	民营企业	144		43.1
	三资企业	28		8.3
	其他	18		5.6
企业年龄	5 年及以下	47	335	13.9
	6~10 年	47		13.9
	11~15 年	74		22.2
	16~20 年	37		11.1
	21 年及以上	130		38.9
企业规模	50 人及以下	47	335	13.9
	51~100 人	18		5.5
	101~500 人	56		16.7
	501~1000 人	47		13.9
	1000 人以上	167		50.0
企业主要业务所属产业	高科技	64	321	20.0
	传统制造	69		21.4
	建筑／房产	60		18.6
	商贸／服务	78		24.3
	其他	50		15.7

4.3 问卷变量的测量

4.3.1 IS 资源变量的测量及其属性描述

IS 资源量表的制订，依据 Wade 和 Hulland（2004）对 IS 资源的分类，即由外而内的 IS 资源、跨越的 IS 资源和由内而外的 IS 资源，具体题项设置参考 Doherty 和 Terry（2009）制订的测量题项，该量表题项的描述对 Wade 和 Hulland（2004）识别的八项 IS 资源进行了局部修改。由外而内的 IS 资源（ISA）有两个题项：（IS_1）企业具有管理 IS 功能与外部利益相关者之间联系的能力，如进行 IS 开发时兼顾供应商与客户的需求特性；(IS_2) 通过 IS 应用从外部获取信息并使其在部门间有效传递，企业具有快速、主动响应市场变化的能力。跨越的 IS 资源设置两个题项：(IS_3) 企业的 IS 开发计划与企业需求相吻合，与各职能部门的计划整合一致；(IS_4) 企业具有预见未来变革，并据此选择合适的系统平台（含硬件、软件与网络平台）的能力。由内而外的 IS 资源设置四个题项：(IS_5) 企业具有有效的硬件、软件和通信平台以实现信息共享的能力；(IS_6) 企业员工具有通过硬件、软件和通信平台的应用完成工作的能力；(IS_7) 企业对 IS 相关的新兴技术与趋势保持敏感性，具有快速利用新技术的能力；(IS_8) 企业具有通过 IS 运行提高效率、降低成本的能力。

如表 4-2 所示：

表 4-2 IS 资源及其易模仿性、易替代性属性描述

1	企业具有管理 IS 功能与外部利益相关者之间的联系的能力，如进行 IS 开发时兼顾供应商与客户的需求特性
	1.1 竞争者可以轻易模仿该项 IS 资源
	1.2 竞争者可以轻易找到该项 IS 资源的替代资源
2	企业可以通过 IS 应用从外部获取信息并使其在部门间有效地传递，进而快速、主动响应市场变化
	2.1 竞争者可以轻易模仿该项 IS 资源
	2.2 竞争者可以轻易找到该项 IS 资源的替代资源
3	企业的 IS 开发计划与企业需求相吻合，与各职能部门的计划整合一致
	3.1 竞争者可以轻易模仿该项 IS 资源
	3.2 竞争者可以轻易找到该项 IS 资源的替代资源
4	企业具有预见未来变革，并据此选择合适的系统平台（含硬件、软件与网络平台）的能力
	4.1 竞争者可以轻易模仿该项 IS 资源
	4.2 竞争者可以轻易找到该项 IS 资源的替代资源
5	企业具有有效的硬件、软件和通信平台以实现信息共享的能力
	5.1 竞争者可以轻易模仿该项 IS 资源
	5.2 竞争者可以轻易找到该项 IS 资源的替代资源
6	企业员工可以通过硬件、软件和通信平台的应用高效完成工作
	6.1 竞争者可以轻易模仿该项 IS 资源

续 表

	6.2 竞争者可以轻易找到该项 IS 资源的替代资源
7	企业对 IS 相关的新兴技术与趋势保持敏感性,具有快速利用新技术的能力
	7.1 竞争者可以轻易模仿该项 IS 资源
	7.2 竞争者可以轻易找到该项 IS 资源的替代资源
8	企业具有通过 IS 运行提高效率、降低成本的能力
	8.1 竞争者可以轻易模仿该项 IS 资源
	8.2 竞争者可以轻易找到该项 IS 资源的替代资源

4.3.2 环境不确定性变量的测量

环境不确定性变量的测量题项,主要参考李大元(2011)文献,如表 4-3 所示。

表 4-3 环境不确定性变量描述

1	本行业的产品或服务更新很快
2	竞争者行为很难预测
3	本行业的技术进步很快
4	顾客需求的变化情况很难预测
5	竞争强度越来越激烈
6	顾客要求越来越高
7	我们所需的资源越来越难获取
8	供应商力量越来越强大
9	竞争者行为越来越多样化

4.3.3 流程融合变量的测量

流程融合的量表主要依据 Sabherwal 等(2001)对于流程融合的分析框架,题项设置主要参考自 Hung 等(2010)。本书认同李大元(2011)的观点,即设计测量量表时,越系统、越全面,则具有越高的内容效度,但是同时由于测量的题项过多,会造成被测者回答和填写问卷时匆忙应对,结果反而使得问卷效果大大降低。因此本研究决定从文献中选用部分关键题项。

结构流程融合(JGPA)设置三个题项:(PA_1)企业经常采用流程团队的形式来解决重要问题;(PA_2)跨职能团队在日常决策中拥有比部门经理更多的权威;(PA_3)管理任务更多地委派(授权)

给一线员工。IT流程融合（ITPA）设置三个题项：（PA_4）良好整合的信息系统覆盖企业各个职能部门；（PA_5）信息系统应用能有效促进业务运作和流程改善；（PA_6）企业的IT规划与企业的战略规划有效整合。战略流程融合（ZLPA）设置三个题项：（PA_7）组织战略制订是基于顾客的需求；（PA_8）组织核心流程对于战略计划的制订具有重要影响（PA_9）组织战略计划流程确实促进了信息共享和跨职能的协作，如表4-4所示。

表4-4 流程融合变量描述

1	企业经常采用跨部门团队的形式来解决重要问题
2	跨职能团队在日常决策中拥有比部门经理更多的权威
3	管理任务更多地委派（授权）给一线员工
4	整合良好的信息系统覆盖企业各个职能部门
5	信息系统应用能有效促进业务运作和流程改善
6	企业的IT规划与企业的业务战略有效整合
7	组织战略制订是基于顾客的需求
8	组织核心流程对于战略计划的制订具有重要影响
9	组织战略计划流程确实促进了信息共享和跨职能的协作

4.3.4 动态能力变量的测量

根据前述基于生存系统模型的企业动态能力内涵与维度的界定，结合文献回顾中的已有研究，本研究从战略更新能力、组织学习能力、运行控制能力、关系协调能力和资源整合能力5个方面对动态能力进行测量，设计出18个题项。

战略更新能力结合谭滔（2007）提出的战略更新能力以及俞枫（2008）的战略调整能力的测量指标，结合生存系统模型中"系统5"的含义，从"（SU_1）企业能够根据环境变化准确分析由其带来的机会与威胁""（SU_2）企业能够对所获取的新信息与现有经验进行有效整合""（SU_3）企业能够根据具体情形及时制订适应环境变化的战略"三个方面进行测量。

关系协调能力对应生存系统模型的"系统2"，在使得系统保持生存过程中体现重要的作用，贺小刚（2006）市场导向能力、曹红军等（2009）外部协调能力、林萍（2009）的市场导向能力有相应的考虑，本研究从关系协调涉及个体的不同进行考虑，比如供应商、政府部门、顾客、自身经营策略以及企业各个部门，因此设定题项"（RC_1）企业能够根据环境变化协调与供应商间的合作"、"（RC_2）企业能够根据环境变化处理与政府部门的关系""（RC_3）企业能够根据环境变化对自身的经营策略进行恰当的调整（如在各个区域市场的部署）""（RC_4）企业能够根据环境变化妥善处理与顾客的关系"和"（RC_5）企业能够根据外部环境需要协调各部门间的工作"五个方面进行测量。

资源整合能力的内涵是企业在感应到外界环境发生变革时，重组或者整合企业内部的资源与能力，以达到适应变革要求的目的。结合曹红军等（2009）一文中，对于动态资源获取能力变量的测量和动态资源释放能力变量的测量相关研究，本书应用"（RI_1）企业能够根据竞争环境变化的要求，从外部获取树立竞争优势的资源""（RI_2）企业能够根据竞争环境变化的要求，整合已有资源和处置闲置资源""（RI_3）企业能够根据具体业务需要协调各部门人力资源的安排"三个方面测量。

对于运行控制能力，结合其在生存系统模型中处于"系统3"的位置，起到为"系统1"有效分配资源并从根本上维持内部稳定性的控制职能，借鉴并修订现有文献中贺小刚（2006）和林萍（2009）的相关测量题项，从"（OC_1）企业能够根据竞争环境变化的要求，有效调整非核心业务""（OC_2）企业能够根据竞争环境变化的要求，有效释放不再提供竞争优势的资源""（OC_3）企业能够根据市场需求的变动及时调整经营规模"三方面进行测量。

组织学习能力的测量量表相对比较成熟，本研究从获取知识、吸收知识、转换知识和利用知识的动态过程角度设置量表，即从"（OL_1）企业能够有效识别、评价新信息和新知识""（OL_2）企业能够有效吸收有价值的新信息和新知识""（OL_3）企业能够有效结合获取的新信息、新知识与现有知识，形成新的组织知识""(OL₄)企业能够有效实现上述信息、知识在组织内部的共享"四个方面进行测量,组织学习能力的题项设置参考了 Pavlou 和 Sawy(2006)的吸收能力以及杨水利等(2009)关于组织学习动态能力的题项,具体设置如表 4-5 所示。

表 4-5 动态能力的测量题项

构思变量	测量题项	题项依据
战略更新能力	分析环境带来的机会与威胁 整合获取的新信息与现有经验 及时制订适应环境变化的战略	Luo(2000);Teece(2007); 谭滔(2007);俞枫(2008)
关系协调能力	协调与供应商的合作 处理与政府部门关系 处理与顾客关系 对自身经营策略进行恰当调整 协调各部门间的关系	贺小刚(2006);曹红军等(2009);林萍(2009)
资源整合能力	1. 从外部获取树立竞争优势的资源 2. 整合已有资源和处置闲置资源 3. 协调部门人力资源	Eisenhardt 和 Martin(2000); 曹红军等(2009)
运行控制能力	有效调整企业核心与非核心业务 有效释放不再提供竞争优势的资源 及时调整经营规模	贺小刚(2006);林萍(2009)
组织学习能力	识别、评价新信息和新知识 吸收有价值的新信息和新知识 结合获取的新信息、新知识与现有知识,形成新的组织知识 实现上述信息、知识在组织中的共享	Pavlou 和 Sawy(2006);罗珉、刘永俊(2009)

所有上述 IS 资源、资源属性、环境不确定性、流程融合和动态能力各维度测量题项均应用李克特 5 点量表,用从 1 到 5 的数值来表示被测试者对题项描述观点的赞同程度,1 表示非常不赞同题项表达的观点,5 表示非常赞同。

4.4 本章小结

本章探讨本研究的主要研究方法——实证研究的研究设计过程。针对本书的实证研究通过尽量严谨的方式进行问卷设计、发放、收集和数据处理等项工作。

在对变量 IS 资源、环境不确定性、流程融合和动态能力等研究框架设计问卷调查的测量题项时,充分参阅了现有经典文献。其中动态能力的题项设置,既参考已有文献中题项的设计方案,又依据本书第三章中提出的基于生存系统模型的动态能力各维度的含义进行设置。其中部分变量的测量题项已经相对成熟,比如 IS 资源的分类与测量题项。依据 Wade 和 Hulland(2004)对 IS 资源进行的分类,将其划分为由外而内的 IS 资源、跨越的 IS 资源和由内而外的 IS 资源,具体题项设置参考 Doherty 和 Terry(2009)制订的测量题项。虽然这一测量问卷已经相对成熟,但是部分题项的文字表达比较晦涩生硬,在本书的问卷设计中尽量考虑到这个问题。

第5章 基于生存系统模型的企业动态能力体系实证分析

5.1 实证统计分析研究

5.1.1 数据同源偏差检验

在问卷调查收集数据时，如果所有题项是由同一个被测试者填写就容易导致同源偏差的问题。在调查前尽量做好预防举措，可以尽量避免实现同源偏差问题。本书将采纳被测试者隐匿信息法和选项重测法进行预防，并且采用由Podsakoff和Organ（1986）推荐的哈曼单因子监测方法对同源偏差问题做出检测，即使用问卷动态能力的所有条目一起进行问卷分析，在未旋转时得到的第一个主成分，可以反映同源偏差的量。

对本书问卷的所有测试问题进行因子分析，在未旋转时确定的第一个主成分的载荷量为31.657%，并未占到多数，因此不存在明显同源偏差。

5.1.2 研究结果

（1）描述性统计分析

通过描述性统计分析，从企业动态能力的各个组成维度的均值和标准差可知，其中的三个维度——资源整合能力、组织学习能力、运行控制能力处于中等偏上的水平，而在战略更新能力和关系协调能力维度上处于偏上水平，从而可以初步说明被调查企业具有动态能力。

（2）信度和效度检验

信度表达的是使用类似的方法重复测量同一对象，而形成一致性测量结果的程度，也就是对量表的准确性和可靠性的衡量。在实证研究中，对测量量表的信度，一般使用 Cronbach Alpha 检验（a 系数）来衡量。本研究对变量的信度检验通过 Cronbach's a 值与题项-总体相关系数（CITC）值来表达。Churchill 和 Peter（1984）对信度的标准，建议为 a 系数值至少应该大于 0.5，并且最好能够大于 0.7，如果其值小于 0.35，则说明信度较差，同时题项-总体相关系数应大于 0.35，本书研究认同这一建议。通过对本研究所使用的动态能力各个维度分别进行 Cronbach Alpha 检验，可知 a 系数均大于 0.7，并且 CITC 值都大于 0.35，表明量表的测量信度良好，如表 5-1 所示。

表 5-1 动态能力各维度信度检验

变量类别	测量题项	CITC	Cronbach's α	Cronbach's α
战略更新能力	1. 分析环境带来的机会与威胁	0.827	0.776	总的值 0.887
	2. 整合获取的新信息与现有经验	0.800		
	3. 及时制订适应环境变化的战略	0.650		
关系协调能力	1. 协调与供应商的合作	0.767	0.757	
	2. 处理与政府部门关系	0.681		
	3. 处理与顾客关系	0.627		
	4. 对自身经营策略进行恰当调整	0.644		
	5. 协调各部门间的关系	0.673		
资源整合能力	1. 从外部获取树立竞争优势的资源	0.802	0.736	
	2. 整合已有资源和处置闲置资源	0.750		
	3. 协调部门人力资源	0.677		
运行控制能力	1. 有效调整企业核心与非核心业务	0.826	0.783	
	2. 有效释放不再提供竞争优势的资源	0.683		
	3. 及时调整经营规模	0.666		
组织学习能力	1. 识别、评价新信息和新知识	0.860	0.860	
	2. 吸收有价值的新信息和新知识	0.805		
	3. 结合获取的新信息、新知识与现有知识，形成新的组织知识	0.703		

续 表

变量类别	测量题项	CITC	Cronbach's α	Cronbach's α
组织学习能力	4. 实现上述信息、知识在组织中的共享	0.687	0.860	总的值 0.887

效度衡量某测量工具是否能够恰当表达所需测量的研究变量的程度。对于本研究中问卷的设计和开发过程，笔者首先能够梳理经典文献对于动态能力的概念界定和描述，并且依据生存系统模型作为理论指导表达测量指标的细化。同时，这一细化过程，也得到了战略管理相关领域的学者和博士研究生们进行相关讨论支持，采纳了部分企业中高层管理者的意见，以确保测量题项与研究变量动态能力的内容上的一致性。进一步，本研究还通过在前侧阶段与被测试者对测量题项的深度沟通，接收反馈意见并提现到本问卷设计内容上。由此可见，本研究的问卷设计能够具有相当的内容效度。

（3）验证性因子分析

首先，在验证性因子分析之前，通过 KMO 检验和 Bartlett 球状检验衡量问卷数据适合验证性因子分析的程度。衡量标准为 KMO 值越接近 1，则说明数据越适合进行因子分析。从 SPSS18.0 输出的实证结果可以看到，KMO 值为 0.874，这表明各个变量间的共同性因素很多（>0.7），因此本研究的变量非常适合做因子分析。同时，Bartlett 的球状检验显著性概率为 0.000（<0.001），说明数据具有相关性，因此该组数据适合做因子分析。

Amos17.0 输出结果的模型拟合度指标如表 5-2 所示，表中列出的是本研究结构方程模型与数据拟合优度的绝对与相对指标，以及相应的该拟合指数的最优标准。本研究绝对拟合指数的结果表明，卡方自由度比值（false/df）为 2.391，小于 3，并且 RMSEA 为 0.08，采用 Browne 和 Cudeck（1993）建议以及吴明隆（2009）的观点，RMSEA 值小于 0.05 表示模型的拟合度较好，在 0.05～0.08 间表示模型拟合度尚可。本研究中 RMR 的值等于 0.032，小于 0.05，GFI 的值为 0.873，已经接近最优标准，而 Browne 和 Cudeck（1993）建议 GFI 的标准值需大于 0.8，本研究完全符合该标准。因此，本研究的绝对拟合指数比较理想。相对拟合指数 NFI、TLI 和 CFI 也非常接近最优标准，因此模型与数据达到了较好的拟合效果。

表 5-2 数据拟合优度指标

指数名称	取值		评价标准
绝对拟合指数	（卡方）/ df	306.013(128)	越小越好
	卡方 / df	2.391	小于 3
	GFI	0.873	大于 0.9
	RMR	0.032	小于 0.05，越小越好
	RMSEA	0.080	小于 0.05，越小越好
相对拟合指数	NFI	0.826	大于 0.9，越接近 1 越好
	TLI	0.868	大于 0.9，越接近 1 越好
	CFI	0.889	大于 0.9，越接近 1 越好

注：评价标准整理自参考资料吴明隆（2009）

因子分析的结果如图 5-1 所示，进入模型的 18 个测量题项，题项 SU_1、SU_2、SU_3 归属于因子战略更新能力，题项 RI_1、RI_2、RI_3 归属于因子资源整合能力，测试项 OL_1、OL_2、OL_3、OL_4 表达组织学习能力这一因子，题项 RC_1、RC_2、RC_3、RC_4、RC_5 归属于因子关系协调能力，题项 OC_1、OC_2、OC_3 归属于因子运行控制能力。一般而言，对于所有测量指标，其标准化因子负荷应该高于有关研究所提出的最低临界水平，如 Shimp 和 Sharma（1987）建议将该临界水平设置为 0.707。也有许多研究者认为这个限制水平可以采用权变的观点适当放大，可以以 0.650 作为最低标准，如焦豪等（2008）。本研究中，动态能力变量各个测量指标与因子之间的载荷值最低为 0.652，均在 0.65 以上，模型与数据的拟合很好。因此本研究实证数据的分析结果，能够很好地支持本书所构建的动态能力研究框架。

（4）假设检验

本章通过结构方程模型中对各个因子间的相关系数进行分析来检验本研究所提出的假设。研究假设需要检验的因子间的相关系数与各个假设检验的支持情况汇总数据如表 5-3 所示。由表中数据分析结果可知，关系协调能力与运行控制能力对于资源整合能力的影响均显著，且为正向影响作用（系数分别为 0.552，***$p<0.001$ 和 0.295，***$p<0.001$），因此假设 H_{1a} 和假设 H_{1b} 得到了验证。

资源整合能力到组织学习能力的路径系数为 0.511（***$p<0.001$），表明两者之间存在着显著的正相关关系，假设 H_{2a} 得到支持。关系协调能力与组织学习能力的相关系数为 0.324，且 $p=0.001$，表明关系协调能力变量对于组织学习能力变量具有显著的正向影响作用。而其中的运行控制能力变量对组织学习能力变量的影响作用是不显著的（$p=0.12$）。由此可得，假设 H_{2a} 和假设 H_{2b} 得到了支持，而假设 H_{2c} 没有得到支持。

组织学习能力与战略更新能力两者之间的相关系数为 0.362，且 $p<0.01$，因此二者之间是显著的正向影响关系，假设 H_{3d} 得到支持。资源整合能力对战略更新能力的影响作用是在 $p<0.05$ 水平下（$p=0.026$）显著，影响系数为 0.293，因此假设 H_{3a} 得到支持。而关系协调能力与运行控制能力对战略更新能力的影响作用都不显著，假设 H_{3b} 和假设 H_{3c} 都没有得到支持。

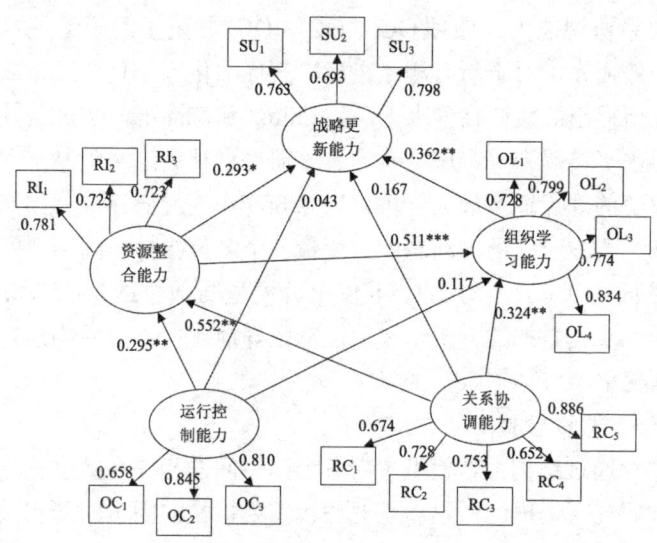

图 5-1 因子分析结果

注：***$p<0.001$，**$p<0.01$，*$p<0.05$

表 5-3 路径分析与假设检验

动态能力维度路径分析	系数	对应假设	p	检验结果
资源整合能力 <— 关系协调能力	0.552	H_{1a}	***	+
资源整合能力 <— 运行控制能力	0.295	H_{1b}	***	+
组织学习能力 <— 资源整合能力	0.511	H_{2a}	***	+
组织学习能力 <— 关系协调能力	0.324	H_{2b}	0.001	+
组织学习能力 <— 运行控制能力	0.117	H_{2c}	0.120	−
战略更新能力 <— 资源整合能力	0.293	H_{3a}	0.026	+
战略更新能力 <— 关系协调能力	0.167	H_{3b}	0.111	−
战略更新能力 <— 运行控制能力	0.043	H_{3c}	0.578	−
战略更新能力 <— 组织学习能力	0.362	H_{3d}	0.007	+

注：*** 表示 $p<0.001$，+ 表示支持，− 表示不支持。

5.2 结果讨论

5.2.1 动态能力维度间关系

本章通过回顾国内外动态能力领域的经典文献，分析在动态能力的内涵与维度划分方面存在的分歧；然后在说明生存系统模型应用于企业组织设计中分析动态能力维度的适用性后，依据生存系统模型的 5 个构成要素"系统 1～系统 5"提出企业要想在动态复杂的环境中保持"生存"，需具备的动态能力维度可划分为：战略更新能力、组织学习能力、运行控制能力、关系协调能力和资源整合能力；最后通过问卷调查表明，以中国企业的数据实证支持了生存系统模型分析的维度划分。

首先，需要说明的是，本节中动态能力总体的维度划分是依据组织控制论的生存系统模型的理论支持，具体维度的问卷设计过程中参考了动态能力方面的经典文献。组织控制论，正如生存系统模型所体现出来的一样，提供了一个普遍性的模型，着力于分析组织中那些对于生存能力不可或缺的方面，组织被认为能够对其环境产生影响并且对环境进行适应。因此，依据生存系统模型分析得到的企业动态能力所应具备的维度是企业在动态环境中保持竞争优势所应展现的关键特征，是不可或缺、相互依存的，实证分析的结果一方面支持了维度划分的合理性，同时也说明了应用组织控制论（更具体来说是生存系统模型）来分析企业动态能力是适用的，符合国内企业的具体情形。

同时，本章的研究结论并不与国内外学者的实证研究的结论相悖，而且与部分实证结果存在相一致的情况。比如曹红军等（2009）将动态能力划分成为动态信息利用能力、资源释放能力、内部整合能力、外部协调能力以及资源获取能力五个维度。焦豪等（2008）文中实证过程表明动态能力可以表达为环境洞察力、技术柔性与组织柔性以及变革更新能力四个相应的构成维度。这些情况可以表明本章研究能够在前述研究人员的基础上得出一些相对具有普适性的结论，揭露出动态能力研究的普遍性结论。另外，本书中通过文献基础上的基于生存系统模型理论指导，并实证研究得出的动态能力五维度间的相互影响关系，验证了依据生存系统模型确定的动态能力维度的结构与相互作用，是对动态能力理论的有益补充，同时也进一步丰富了管理控制论——生存系统模型在组织设计与诊断之外的新的应用指导领域，是本部分研究的一个贡献和创新。

其次，实证结果显示，关系协调能力（系统2）与运行控制能力（系统3）都对资源整合能力（系统1）具有显著的正向影响。在生存系统模型中显然如此，系统2所起的作用就是协调系统1的各个部件，并减少各部件之间的摩擦与隔阂。而系统3是从根本上来维持系统1的内部稳定性，确保及时传递系统5（战略更新能力）的政策信息并解释执行。资源整合能力直接面对外部环境的"多样性"，在关系协调能力和运行控制能力的作用下能够及时地自我调整或者改变环境，在此关系作用下，子系统1、子系统2、子系统3三者组成的自组织管理系统完成实施任务并自行调节、协同向前发展；同时，子系统2内外协调能力的成效会积极促进子系统1资源交互能力的发展，也佐证了战略管理领域中"协作与联盟和外部社会网络关系直接影响组织绩效"等观点。另外，关系协调能力对于资源整合能力的积极影响作用。

再次,组织学习能力表达企业对信息的获取和吸收,并转换为知识和利用知识的能力。此处的知识,很大部分来自"系统1~3"体现出来的信息、知识,同时还要关注环境全局视野,即来自外部环境的相关信息。实证结果支持了资源整合能力和关系协调能力对组织学习能力的正向影响作用,但是并未支持运行控制能力的影响作用。在整个"动态能力生存系统"中,资源整合能力直接面对动态变化的环境,而关系协调能力既包括处理企业内部组成部分间关系的能力,也包括与企业外部的利益相关者,如顾客、竞争企业、政府和供应商等的关系,因此这二者对于组织学习能力的促进作用显而易见。但是运行控制能力的协调与监控,只关注"内部与现在",对于组织学习能力的促进作用有限。

最后,战略更新能力体现企业制订战略,并根据环境变化及时调整战略的能力,因此实证结果显示的资源整合能力、组织学习能力对于战略更新能力的显著影响,就体现在为战略更新提供企业自身以及所处环境的全面信息方面。而关系协调能力与运行控制能力对于战略更新能力的影响作用并未支持,从题项设计上看,"系统5"所需企业内部运作信息在资源整合能力中都有体现,而关系协调能力与运行控制能力所关注的主要就是如何使得资源整合能力更好地地展现其与外部环境的交互。同时,这一点恰恰说明"系统5"直接从"系统1"获取信息,而没有经过"系统2"或者"系统3",表明了在一个动态能力发展水平较高的企业中,企业的组织结构也会更趋向于"扁平化"发展,即组织中的层级会较少,组织中的纵向信息流动更多采用直接进行而非间接进行的方式,同时企业内部垂直的信息沟通更加顺畅。这与组织理论完全相符。

由此,可以得出企业动态能力各个具体维度之间的内在关系,以及相应的发展路径,如图5-2所示。每个企业的战略决策过程,都既体现了对既定环境的适应性战略,又体现为对环境发生变化时能够及时对战略进行更新的过程,这两个过程相辅相成,企业弱化哪一方面都会带来严重的后果。因此，战略更新能力成为动态能力中的最重要一环，管理决策就需要根据企业内部和全局环境信息制订发展战略，并根据环境变化及时做出动态更新，才是企业立于不确定环境中的根本。动态能力维度间的这一关系同时也可以为企业在发展动态能力的过程中提供一个参考。

企业的战略决策过程中，需要既定战略和应急战略协同作用，没有一个组织能够忽略内外部环境的变动而预先制订好所有的决策行动及步骤。在这一发展路径中，战略更新能力担当动态能力生存系统的最关键环节，是整个生存系统能够在更高一层级的系统中凸显作用的核心。企业的决策过程须从不断变革的环境出发，将组织内业务运作与执行的信息和企业所处全局环境的新知识、新经验有机融合，这样才成为使企业与不确定性环境达成多样性均衡，进而获取可持续竞争优势的根本。动态能力生存系统这一内在关系和发展路径也将为企业在思考如何提升整体动态能力的过程中提供有益借鉴。

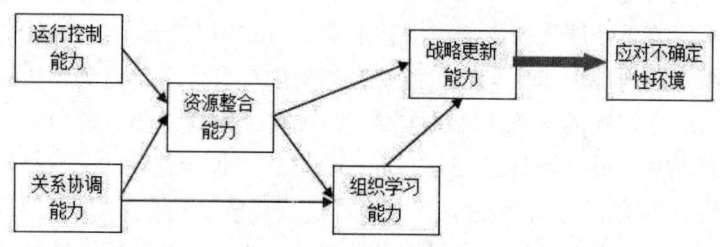

图 5-2 企业动态能力维度间的关系

5.2.2 动态能力——五维能力的整合

前述的理论与实证分析表明动态能力是一个多维度、多层面的研究框架，根据本章动态能力的内涵描述，它是一个能力整合系统，各个维度之间存在着有机联系。但是这些联系并不应该是如图 5-2 所示那样单向的。

企业的战略更新能力，即企业根据环境的不断变化制订及时更新发展战略，与战略的执行过程本身是相辅相成的。战略制订的合理、可操作性强，执行起来就能事半功倍；有效地执行能够让战略决策真正落地，也能促进下一轮决策的顺利制订。而战略的执行就是资源整合能力在关系协调能力与运行控制能力的协调、控制作用下展现的。因此，企业的战略更新能力应该能够对资源整合能力、关系协调能力以及运行控制能力起到积极作用。同时，每一次战略的制订与更新都意味着企业已有知识、新获取知识的融合与创新，制订和更新的过程本身也是企业的经验知识，因此，战略更新能力对于组织学习能力也应有显著的正向影响。

另一方面，组织学习能力不仅获取、吸收企业内外新信息、新知识，还将这些新信息、新知识与企业原有知识结合固化为新的组织知识，并将其在组织内分享，这在问卷题项设置中充分体现。这一过程对于资源整合能力、关系协调能力、运行控制能力将产生正向的影响。

所以还可以提出如下假设，如图5-3：

H_{3e}：战略更新能力对资源整合能力有正向影响。
H_{3f}：战略更新能力对关系协调能力有正向影响。
H_{3g}：战略更新能力对运行控制能力有正向影响。
H_{3h}：战略更新能力对组织学习能力有正向影响。
H_{3i}：组织学习能力对资源整合能力有正向影响。
H_{3j}：组织学习能力对关系协调能力有正向影响。
H_{3k}：组织学习能力对运行控制能力有正向影响。

根据同样的做法，可以进行实证分析，结果如表5-4所示。其中战略更新能力对组织学习能力的促进作用假设得到支持，而且标准化系数为0.722，表明该促进作用非常明显，而且统计上显著（***$p<0.001$）。战略更新能力对资源整合能力有显著的正向影响作用（*$p<0.05$）。组织学习对资源整合能力、关系协调能力与运行控制能力的积极影响作用都很显著，假设得到支持。

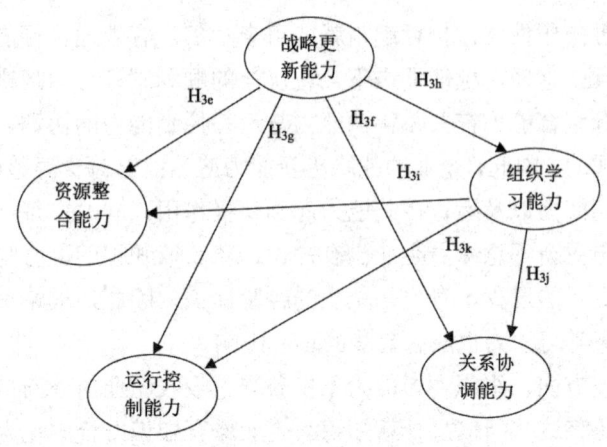

图 5-3 动态能力维度间其他的影响路径

另外两个假设 H_{3f}、H_{3g} 并未得到支持,即战略更新能力对于关系协调能力和运行控制能力的影响作用不显著。与生存系统模型中所描述的"'系统3'在其中起到承上启下的作用,将'系统1'运行信息传递到'系统5',并将'系统5'政策信息传递下来监督实施"类似,"系统3"和"系统2"仅仅起作用于"系统1",不受"系统5"影响。这两个假设的不成立,战略更新能力直接作用于资源整合能力,而不需要通过其他中间过程,又一次可以说明,在一个动态能力发展良好的企业中,企业的组织结构更趋向于"扁平化",同时企业内部垂直的信息沟通更加顺畅。这与组织理论完全相符。

表 5-4 其他路径分析与假设检验

动态能力维度路径分析	系数	对应假设	p	检验结果
资源整合能力←—战略更新能力	0.283	H_{3e}	0.011	+
关系协调能力←—战略更新能力	0.225	H_{3f}	0.053	−
运行控制能力←—战略更新能力	0.147	H_{3g}	0.246	−
组织学习能力←—战略更新能力	0.722	H_{3h}	***	+
资源整合能力←—组织学习能力	0.581	H_{3i}	***	+
关系协调能力←—组织学习能力	0.595	H_{3j}	***	+
运行控制能力←—组织学习能力	0.551	H_{3k}	***	+

注： *** 表示 $p<0.001$，+ 表示支持，- 表示不支持。

本次实证分析的数据拟合度指标在表 5-5 中列出，根据前文所述评价标准，表明达到较好的数据拟合。

表 5-5 数据拟合度指标

拟合度指标	（卡方）/df	GFI	RMR	RMSEA	NFI	TLI	CFI
取值	2.582	0.866	0.038	0.086	0.812	0.850	0.874

综上分析，动态能力是一个由资源整合能力、关系协调能力、运行控制能力、组织学习能力和战略更新能力构成的生存系统，五种能力存在相互作用、相互促进的关系，符合生存系统模型对于其组成要素"系统 1～5"的描述及其相互关系。动态能力系统在五种能力的相互促进过程中不断提升与演化。

当然，本研究还存在一些不完善的地方，由于样本企业主要集中在山东省以及周边的地区，样本代表性和广泛性有待进一步提高，对于结论的普适性可能有一定影响。本节所提出的动态能力维度命名和含义的阐述还有不少值得商榷的地方，仍须在进一步研究中进行更深入的探讨。

由此，可以得出企业动态能力的发展路径与内部关系，如图 5-3 所示。企业的战略决策实际上是一个既定策略和突现策略并举的过程，没有组织能够预先制订好所有的行动和步骤，而不顾内外环境的变化。因此，战略更新能力成为动态能力中的最重要一环，管理决策就需要根据企业内部和全局环境信息制订发展战略，并根据环境变化及时做出动态更新，才是企业立于不确定环境中的根本。

动态能力是一个由资源整合能力、关系协调能力、运行控制能力、组织学习能力和战略更新能力构成的生存系统，五种能力存在相互作用、相互促进的关系，符合生存系统模型对于其组成要素"系统 1～5"的描述及其相互关系。动态能力系统在五种能力的相互促进过程中不断提升与演化。

动态能力维度间的这一关系同时也可以为企业在发展动态能力的过程中提供一个参考。

当然，本研究还存在一些不完善的地方，由于样本企业主要集中在山东省以及周边的地区，样本代表性和广泛性有待进一步提高，对于结论的普适性可能有一定影响。本节所提出的动态能力维度命名和含义的阐述还有不少值得商榷的地方，仍须在进一步研究中进行更深入的探讨。

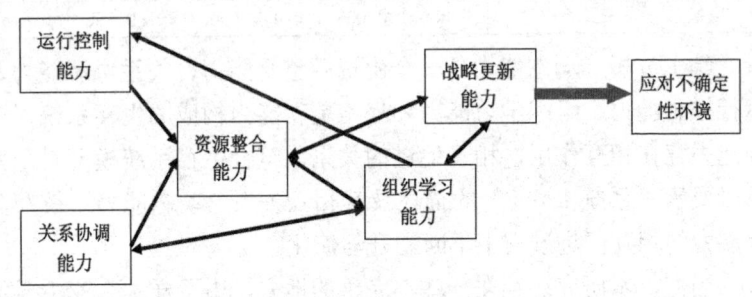

图 5-4 企业动态能力五维度间整合模型

5.3 动态能力在企业开放式创新平台中应用分析

党的十八大提出创新驱动发展战略，强调企业的创新与可持续发展，把提高企业创新能力作为我国经济发展的重要战略之一。自李克强总理提出"大众创业、万众创新"以来，为充分利用大众智慧和创造力，我国政府及企业越来越重视开放式创新，积极探索开放式创新模式。开放式创新（Chesbrough，2003）是指企业通过整合利用外部资源实现创新，而不仅是依靠内部资源。随着互联网技术的发展，尤其是 Web2.0 的诞生，使用户生成内容成为主导。在此背景下，众多基于互联网的创新模式应运而生，其中开放式创新平台作为一种有效的模式被众多企业所采用，如乐高、戴尔、星巴克、美的、海尔等。

开放式创新平台将来自全球各地的用户汇聚在一起，并接受他们关于产品、服务、流程等方面的各种创意，用户通过平台可以提交自己的创意，也可以评价或者评级其他创意。企业则从中采纳适当的创意应用到自身的产品、服务、流程等的创新活动中，从而实现企业的创新绩效并获取竞争优势。

5.3.1 企业开放式创新平台运行过程

开放式创新模式下,创新的来源不再局限于企业内部,同时也来源于企业外部资源。企业以开放式创新平台为基础,研发部门与其他部门与组织外部资源——客户、供应商、竞争者、大学、研究机构以及其他个体的平台用户等都是创新的来源者。而最容易产生创新的方式就是互动,组织内部资源与外部资源的互动可以有效促进创新的产生。

完整的开放式创新链条不是仅从研发或者发明开始的,应该从上游环节——知识创新开始,即组织内部资源与外部资源在互动过程中实现创意的产生;然后经过中游环节——创意被采纳,即新创知识与企业原有知识库内容进行碰撞、融合,慢慢转化为新技术的过程;最后是下游环节——即创意被应用,实现创新价值的增值,体现为对产品创新、流程创新、制度创新甚至持续创新的绩效行为。因此,本研究根据创新价值链的相关理论,将开放式创新平台创新过程概括为三个阶段:创意的产生与转移、创意的采纳与转化和创意的扩散与应用等,如图5-5所示。

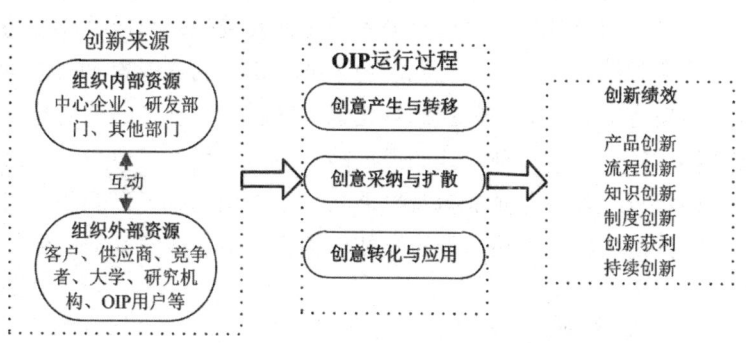

图 5-5 开放式创新平台运行过程

(1) 创新的产生与转移

创新的产生与转移是开放式创新平台运行过程的第一个阶段,而且是发生在中心企业与外部企业之间的。创意的产生,指的是通过开放式创新平台的建立,中心企业与外部企业可以发生高效的互动,并实现有效促进各方产生有关产品、工艺或者流程等方面的创新想法。在开放式创新平台上,企业外的客户、供应商、竞争者、大学、研究机构或其他个体用户都可能成为创意产生的重要来源,而不再仅仅作为产品或者服务的接收者。

而创意的转移表达了在开放式创新平台上企业内部与外部用户之间的知识传递,这一传递是双向的而且可能是不断进行的,创意也可能由于这种不断进行的知识转移不断迸发出新的形式或者内容。同时创意的转移也可能存在双向流动,流入中心企业的创意知识体现了创新平台的主要目的,但是输出中心企业的创意也可能给中心企业带来更好的创意。

（2）创意的采纳与转化

这一阶段发生在中心企业内部。创意的采纳体现了企业以自身发展目标导向下,从开放式创新平台中产生的创意中采纳符合自身需求与战略方向的部分。在创新平台上产生的创意并不一定能够产生效益,或者与企业发展的战略方向相一致,因此这一过程就需要企业能够结合自身发展状况,考虑需求计划、能力计划形成一个闭环的筛选过程。

创意的转化体现了企业充分考虑企业发展战略与所处环境的要求,将自身的已有知识、资源结合采纳的相关创意内容,构造出可行的创新方案。在此,创意的转化包含三层次的含义：首先是转化的意愿,即创意能体现企业的发展战略并与市场需求自身；其次是转化的可行性,即与企业自身发展状况、知识基础、资源条件相一致；其次是转化的效果,即转化能够为企业带来效益并能够使企业更加适应所处环境。

（3）创意的扩散与应用

这一阶段也是发生在中心企业内部。创意的扩散与应用体现了创新价值的实现。创新的扩散,指的是创意方案在企业内部个体与个体之间、团队与团队之间实现知识的融合,是与企业内在运作过程结合起来的创新解决方案形成的过程。创意的应用，则是创新解决方案的实施，体现对产品、服务或者流程、制度等的创新绩效。

5.3.2 动态能力视角的开放式创新平台运行过程分析

为了更好地分析开放式创新平台运行过程，即创意的产生与转移、创意的采纳与转化和创意的扩散与应用等过程，本节内容将从个体、团体和组织三个层面进行考虑。

知识基础观认为，组织间知识的流动过程，可以分为显性知识与隐性知识结合的过程、显性知识到隐性知识的内化过程、隐性知识到显性知识的外化过程和从隐性知识到隐性知识的社会化过程。

如图 5-6 所示，个体层面的创意的产生与转移，即中心企业组织内个体通过开放式创新平台为依托与其他组织个体之间进行创意知识的交流，并在互动过程中获取对方显性知识，进而实现新的创意知识的产生。组织中个体还可以通过向其他组织中个体的学习、经验分享等方式实现隐性知识的社会化过程。这样，组织就可以实现个体层面的创意知识的产生与转移过程。在企业组织内部，同样可以通过创意知识的结合与社会化过程，实现内部的创意知识的采纳与转化。以此为基础，组织内个体就可以对其工作方式、产品生产、服务提供等进行有效创新，实现创意的扩散与应用。

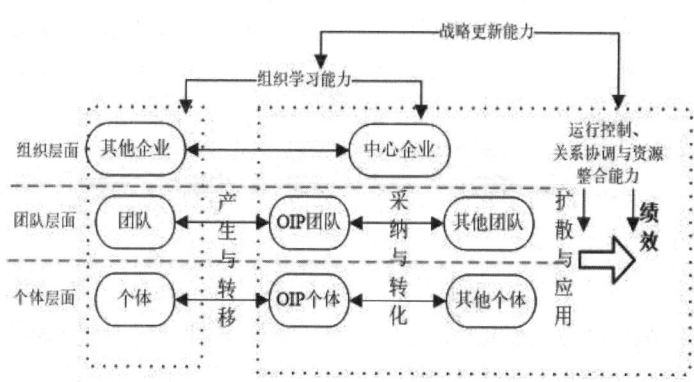

图 5-6 动态能力视角下开放式创新平台运行过程模型

从团队层面来看，组织内已有知识很多都是以团队的形式进行保存和迁移的。在这一层次中，中心企业的团队与其他组织的团队进行交流、获取，实现创意知识的转移，当然有时候具体体现形式可能只是组织内外团队成员之间的交流。在组织内部，从组织外部团队获取的创意知识能够在组织内部进行充分的交流，从而实现创意知识的采纳与转化。中心企业的高层团队获取的企业内部知识可以体现对企业战略的及时更新，再指导创意知识的有效转化。组织内各个团队之间应用采纳的创意知识进行产品和服务的研发与改进，从而实现适应环境需求的产品和服务创新，实现创意的扩散与应用。

组织的研发与生产等活动通过获取和消化来自企业内部和外部的知识可以实现更好的创新过程，同时更进一步丰富了自身的知识库。通过交流、合作与协商以及模仿学习等形式，中心企业可以从其他组织中实现创意知识的转移，这是企业获取知识的一种高效方式，团队层次和个体层次的创意知识的交流与转移可以实现这一过程。组织内部的团队之间、个体之间的知识采纳与扩散，实现了创意在组织内的扩散与应用实施。

然后从动态能力的各个维度角度分析开放式创新平台运行过程的各个阶段：

（1）动态能力与创意产生与转移过程

根据前文所述，创意的产生与转移过程中，中心企业与其他组织进行交流互动的过程中实现创意知识的产生与转移，体现为组织个体、团队和组织整体三个层面。这一过程中，企业的资源整合能力体现了与企业外部组织间资源的交换，关系协调能力体现了组织与外部环境其他组织和个体间的关系融洽，都能够有效地促进创意的产生与转移。

而更重要的是动态能力中"子系统4"——组织学习能力，即关注组织中获取的新信息与内部经验的同化与吸收，在本研究设置的题项中："识别、评价新信息和新知识"和"吸收有价值的新信息和新知识"恰恰描述了企业有效实现创意的产生与转移的过程。

因此，组织学习能力强的企业，通过组织层面、团队层面（团队中成员）和个体层面可以有效实现创意知识的促进与迸发，并且高效地知识转移。

（2）动态能力与创意采纳与转化过程

依托企业开放式创新平台，在创意的采纳与转化过程中，创意知识在中心企业内部各团队、个体间进行传播。组织学习能力设置的题项中："识别、评价新信息和新知识""吸收有价值的新信息和新知识"和"结合获取的新信息、新知识与现有知识，形成新的企业知识"，体现了在结合企业已有知识库的基础上，对新创意知识的识别、评价、采纳与融合。

同时，在采纳与转化过程中，应该同企业发展战略、市场或环境需求以及企业发展能力等相结合，才能形成具备可行性的创意方案。因此，战略更新能力是企业在综合企业内外资源、创新创意知识的基础上，确定是否需要进行创意的采纳与转化，并进一步进行创意的扩散和应用。

由此可见，组织学习能力和战略更新能力越强的企业，能够更快速、及时地采纳符合企业战略需求和环境需求的创意，并在企业内部进行有效的融合与转化，从而能够更快地形成可行的初步创意方案。

（3）动态能力与创意扩散与应用过程

在创意的扩散和应用过程中，体现的是创意采纳之后的具体实施，实施的效率取决于企业是否能够有效地进行内外部资源的整合、组织内外部各相关主体的关系协调以及是否能够进行更高效的运行管理。这一过程，是动态能力系统的"系统1、2、3"所组成的"自组织管理"子系统的具体展现，因此，企业资源整合能力、关系协调能力与运行管理能力越强，就能够更高效、快速地执行创意方案，实现产品和服务的创新，使企业获取并维持持续的竞争优势。

当然，创意方案的具体实施，即动态能力"系统1、2、3"的展现，是在"系统5"——战略更新能力的指导之下进行的，战略更新能力从"系统4"中获取企业内外部知识,从"系统1、2、3"中获取企业内部运转的信息,因此,能够保证"系统1、2、3"即创意方案的执行是符合企业发展战略的,能够应对企业所处环境的各种不确定性。

5.3.3 动态能力视角下的开放式创新平台生存系统构建

根据前一节动态能力的研究,从关注环境全局视野的角度来定义组织学习能力这个概念,即企业对各种来自"子系统1、2、3"的信息和知识进行获取、吸收、转换和利用的能力,也就是说这些信息和知识主要是来自企业所处的外部环境。而本研究的实证结果也支持了如下观点,即资源整合能力和关系协调能力对组织学习能力有正向影响作用,但是并未支持对运行控制能力会存在促进作用这一假设。纵观"动态能力生存系统"全局,资源整合能力和关系协调能力就像是一把组合双刃剑,前者帮助企业"安内",完成各项企业具体实施任务以及实施过程中所需的资源整合活动;后者帮助企业"攘外",直接面对企业的动态变化的外部环境,将企业内部各个部门、组成要素与所处环境的权益相关者的关系进行协调与促进。在企业运作也就是"生存系统"不断演进的过程中,不管是来自企业内部还是来自整个供应链或者竞争者、相关政策部门等的已有知识与经验和新知识、新经验,都能够显而易见地积极地影响组织学习能力的提升。而相对应的是,运行控制能力所发挥的"运行监控"等作用,由于只聚焦于组织的"结构细节与当前",因此,对组织学习能力的正向激励作用未得到支持。

如图5-4所示,企业的战略决策过程中,需要既定战略和应急战略协同作用,没有一个组织能够可以忽略内外部环境的变动而预先制订好所有的决策行动及步骤。综上所述,在这一发展路径,战略更新能力承担动态能力生存系统的最关键环节,是整个生存系统能够在更高一层级的系统中凸显作用的核心。企业的决策过程要从不断变革的环境出发,将组织内业务运作与执行的信息和企业所处全局环境的新知识、新经验进行有机融合,这样才成为使企业与不确定性环境达成"多样性均衡",进而获取可持续竞争优势的根本。

在此动态能力内在机理与发展路径研究基础上,可以构建如图5-7的开放式创新平台生存系统模型。企业以开放式创新平台为依托,创意的产生与转移是跨越中心企业与其他组织和个体之间的横向沟通过程,这一过程主要是动态能力中的组织学习能力的具体体现,同时也是资源整合能力与关系协调能力的具体体现。创意的采纳与转化过程,则完全在中心企业内部,是在动态能力中战略更新能力与组织学习能力以及运行管理能力的纵向的知识流动,包括显性知识之间的结合、显性知识与隐性知识的内化与外化以及隐性知识之间的社会化过程。最后,创意的扩散与应用阶段主要表现为运行管理能力、关系协调能力和资源整合能力的执行过程,当然这种执行是在战略更新能力的指导下进行的。

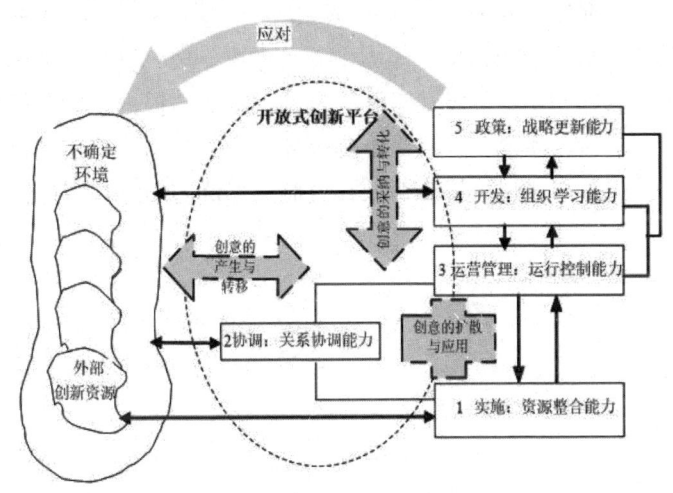

图 5-7 动态能力视角的开放式创新平台生存系统

在企业的开放式创新平台这一运行过程中,创意的扩散和应用的效果能够反过来促进新的创意的产生和转移,从而形成一个创意产生与转移→创意采纳与转化→创意扩散与应用→创意产生与转移的良性循环,同时这一循环也与动态能力各个维度间的关系相辅相成。开放式创新平台运行的全过程,是动态能力各个维度内在演化和发展的具体展现，同时实现了不断的产品和服务的创新，可以给中心企业带来持续竞争优势，以应对企业所处的不确定环境。

5.4 本章小结

本章主要针对提出的动态能力维度和维度间关系模型相关假设进行实证验证。

结果表明，数据支持了生存系统模型指导下的企业动态能力维度划分，在丰富动态能力理论的同时，进一步拓展了生存系统模型的应用范围。动态能力是一个由资源整合能力、关系协调能力、运行控制能力、组织学习能力和战略更新能力构成的生存系统，五种能力存在相互作用、相互促进的关系，符合生存系统模型对于其组成要素"系统1~5"的描述及其相互关系。动态能力系统在五种能力的相互促进过程中不断提升与演化。

战略更新能力成为动态能力中的最重要一环，管理决策就需要根据企业内部和全局环境信息制订发展战略，并根据环境变化及时做出动态更新，才是企业立于不确定环境中的根本。动态能力维度间的这一关系同时也可以为企业在发展动态能力的过程中提供一个参考。

第 6 章 不确定环境下基于 IS 资源的企业动态能力提升实证研究

6.1 基于 IS 资源的动态能力提升实证结果

6.1.1 信度效度分析

本研究中动态能力变量的信度和效度检验已经在前一章论述过。对变量 IS 资源、流程融合等的信度检验仍是用类似方法进行。即通过 Cronbach's a 值与题项－总体相关系数（CITC）值来表达。Churchill 和 Peter（1984）对信度的标准，建议 a 系数值至少应该大于 0.5，并且最好能够大于 0.7，如果其值小于 0.35，则说明信度较差，同时题项－总体相关系数应大于 0.35。为保证相关变量具有合适的内容效度，本书通过采纳经典文献中问卷题项的方法，与信息系统领域相关学者专家的讨论以及采纳了部分企业中高层管理者的意见等方法，以确保测量题项与研究变量动态能力的内容上的一致性。

而对于各量表的构建效度方面，本研究将采用验证性因子分析方法加以保证。

（1）信度检验

变量 IS 资源与流程融合两个变量进行信度检验的结果如表 6-1 所示，从表中可以看到，两个变量所有测量项目的 Cronbach's a 值均在 0.7 以上，并且 CITC 值最小值为 0.483，都在 0.35 以上，表明这两个变量的测度具有较高的信度。

表 6-1 相关变量题项的信度检验

变量类别	测量题项	CITC	Cronbach's a
IS 资源	企业具有管理 IS 功能与外部利益相关者之间联系的能力,如进行 IS 开发时兼顾供应商与客户的需求特性	0.644	0.811
	通过 IS 应用从外部获取信息并使其在部门间有效地传递,企业具有快速、主动响应市场变化的能力	0.725	
	企业的 IS 开发计划与企业需求相吻合,与各职能部门的计划整合一致	0.621	0.744
	企业具有预见未来变革,并据此选择合适的系统平台(含硬件、软件与网络平台)的能力	0.483	
	企业具有有效的硬件、软件和通信平台以实现信息共享的能力	0.601	0.811
	企业员工具有通过硬件、软件和通信平台的应用完成工作的能力	0.665	
	企业对 IS 相关的新兴技术与趋势保持敏感性,具有快速利用新技术的能力	0.634	
	企业具有通过 IS 运行提高效率、降低成本的能力	0.614	
流程融合	企业经常采用跨部门团队的形式来解决重要问题	0.456	0.731
	跨职能团队在日常决策中拥有比部门经理更多的权威	0.621	
	管理任务更多地委派(授权)给一线员工	0.592	
	良好整合的信息系统覆盖企业各个职能部门	0.583	0.785
	信息系统应用能有效促进业务运作和流程改善	0.675	
	企业的 IT 规划与企业的业务战略有效整合	0.629	
	组织战略制订是基于顾客的需求	0.656	0.805
流程融合	组织核心流程对于战略计划的制订具有重要影响	0.661	
	组织战略计划流程确实促进了信息共享和跨职能的协作	0.657	

(2) IS 资源因子分析

对 IS 资源进行验证性因子分析,可得各项因子的标准化负荷系数如表 6-2 所示,最小值为 0.676,达到相关研究建议的最低标准 0.65,且具有较强的统计显著性($p<0.001$),这表明该变量的

收敛效度表现较好。表 6-3 列出 IS 资源变量的模型与数据的拟合度指标，可知绝对指标中 RMSEA 稍大于最优标准，（卡方）/df 比值、GFI 和 RMR 指标符合最优标准，同时，可知三个相对拟合度指标 NFI、TLI 和 CFI 的取值都大于 0.9，因此对于 IS 资源变量来说，本次测量的模型数据拟合度较好。

表 6-2 IS 资源各测量项标准化因子负荷

路径	标准化因子负荷
由外而内的 IS 资源—>IS_1	0.856
由外而内的 IS 资源—>IS_2	0.753
跨越的 IS 资源—>IS_3	0.745
跨越的 IS 资源—>IS_4	0.731
由内而外的 IS 资源—>IS_5	0.676
由内而外的 IS 资源—>IS_6	0.713
由内而外的 IS 资源—>IS_7	0.754
由内而外的 IS 资源—>IS_8	0.731

表 6-3 IS 资源数据拟合度指标

指数名称	取值		评价标准
绝对拟合指数	（卡方）/df	50.951 (18)	越小越好
	（卡方）/df	2.831	小于 3
	GFI	0.944	大于 0.9
	RMR	0.030	小于 0.05，越小越好
	RMSEA	0.092	小于 0.05，越小越好
相对拟合指数	NFI	0.932	大于 0.9，越接近 1 越好
	TLI	0.929	大于 0.9，越接近 1 越好
	CFI	0.954	大于 0.9，越接近 1 越好

（3）流程融合因子分析

对流程融合变量进行验证性因子分析，可得各项因子的标准化负荷系数如表 6-4 所示，发现（PA_1）"企业经常采用跨部门团队的形式来解决重要问题"的因子负荷值为 0.526，低于相关研究建议的最低标准 0.65，因此删除该测量项。其他题项因子标准化负荷系数均处于标准值上。删除 PA_1 之后，各题项因子标准化负荷系数均大于 0.65，且具有较强的统计显著性（$p<0.001$），显示了较强的收敛效度。

对于流程融合变量数据的拟合度指标如表 6-5 所示，与 IS 资源测量数据拟合度指标类似，仅绝对指标中 RMSEA 稍大于最优标准，其他指标均负荷最优标准，因此本次流程融合测量的数据拟合度较好。

表 6-4 流程融合各测量项标准化因子负荷

路径	标准化因子负荷	删除 PA_1 后因子负荷
结构融合—>PA_1	0.526	
结构融合—>PA_2	0.761	0.737
结构融合—>PA_3	0.739	0.724
IT 融合—>PA_4	0.651	0.650
IT 融合—>PA_5	0.819	0.821
IT 融合—>PA_6	0.771	0.769
战略融合—>PA_7	0.799	0.764
战略融合—>PA_8	0.727	0.728
战略融合—>PA_9	0.766	.800

表 6-5 流程融合数据拟合度指标

指数名称	取值		评价标准
绝对拟合指数	（卡方)/df	67.451（25）	越小越好
	（卡方)/df	2.698	小于 3
	GFI	0.935	大于 0.9
	RMR	0.046	小于 0.05，越小越好
	RMSEA	0.089	小于 0.05，越小越好
相对拟合指数	NFI	0.909	大于 0.9，越接近 1 越好
	TLI	0.913	大于 0.9，越接近 1 越好
	CFI	0.940	大于 0.9，越接近 1 越好

6.1.2 描述性统计与相关性分析

各研究变量均值及标准差显示样本企业 IS 资源中由内而外的资源处于偏上水平，由外而内的资源和跨越的资源两变量取值均处于中等偏上水平；流程融合取值则处于偏上水平；企业动态能力变量在资源整合能力、运行控制能力和组织学习能力维度上处于中等偏上水平，而在战略更新能力和关系协调能力维度上处于偏上水平，从而可以初步说明被调查企业具有动态能力。

如表 6-6 所示，同时研究结果显示，所有三项 IS 资源——跨越的 IS 资源、由外而内的 IS 资源、由内而外的 IS 资源、结构流程融合、IT 流程融合和战略流程融合与动态能力变量间均为显著的正相关关系，这说明，企业的确通过 IS 资源的建立来提升其动态能力，流程融合在基于 IS 资源的动态能力提升过程中可能起到了中介作用。我们将进一步通过多元回归分析来验证。

表 6-6 描述性统计与相关分析

	均值	标准差	1	2	3	4	5	6	7	8	9
动态能力	3.61	0.408									
企业性质	2.37	1.26	0.061								
企业年龄	3.46	1.49	-0.044	-0.238*							
企业所述产业	3.29	2.79	-0.046	0.052	0.119						
由外而内的IS资源	3.62	0.798	0.555**	0.090	0.072	0.031					
跨越的IS资源	3.57	0.664	0.543**	-0.125	0.064	-0.002	0.487**				
由内而外的IS资源	3.88	1.118	0.387**	0.083	-0.015	0.000	442**	0.386**			
结构流程融合	3.68	0.901	0.243*	-0.024	-0.110	0.108	0.417*	0.253*	0.205		
IT流程融合	3.73	0.666	0.457**	-0.073	0.272*	0.183	0.321**	0.525**	0.335**	0.317**	
战略流程融合	3.74	0.7310	0.398**	0.071	0.061	0.217	0.464**	0.317**	0.133	0.191	0.392**

注：*. 在 0.05 水平（双侧）上显著相关，**. 在 0.01 水平（双侧）上显著相关。

6.1.3 回归分析

前述的相关性分析表明了变量之间是否存在关系以及关系是否紧密和关系的方向。而如果需要进一步研究变量之间存在的关系的方向，并能够阐明各变量之间是否存在显著的因果关系，则需要通过回归方法进行分析。

本书问卷中设置的企业性质、企业年龄和企业主要业务所属产业等数据采集点，在调查的访谈和以往文献中表明能够影响 IS 资源、流程融合与企业动态能力之间的关系，因此，本部分通过控制企业性质、企业年龄和企业主要业务所属产业，然后对 IS 资源、流程融合以及动态能力进行回归分析。

（1）IS 资源与动态能力的多元回归分析

回归分析过程中，模型 2 是在基本模型，即模型 1 的基础上加入了 IS 资源这一变量。加入后，模型 2 对动态能力变量的解释能力有所提升，从表 6-7 中数据可以看到，调整 R^2 从 -0.044 上升到 0.446，增加了 0.490，而且加入了 IS 资源变量的模型 2 的 F 值是 9.192，并且体现了统计显著性（$p \leqslant 0.001$）。因此，假设 H_4 得到验证，即总体上的 IS 资源与动态能力之间存在正向的相关关系，也就是说，IS 资源在总体上对动态能力有显著的积极的影响。在模型 2 中，IS 资源中的由外而内的资源和跨越的资源对于动态能力体现了比较明显的相关关系（β 值分别为 0.363、0.388，且均为 $p \leqslant 0.01$），但是由内而外的资源在统计上不显著。因此，假设 H_{4a}、H_{4b} 得到了验证，即由外而内的资源和跨越的资源与动态能力的正向的积极影响关系得到了验证，但是由内而外的资源对动态能力变量的影响却并不显著，如表 6-7 所示。

（2）IS 资源与流程融合的多元回归分析

同理，在基本模型——模型 1 的基础上，对于流程融合这一变量的解释能力来说，加入了 IS 资源变量的模型 2 比基本模型解释力有所提高，使得调整 R^2，增加了 0.41，从 0.023 上升到 0.433。而且加入了 IS 资源变量的模型 2 的 F 值是 8.075，呈现出了统计上的显著性（$p \leqslant 0.001$），因此，假设 H_5 得到验证，即 IS 资源在总体上与流程融合呈现正向的相关关系，也就是说 IS 资源在总体上对流程融合有积极的显著影响。在模型 2 中，IS 资源中由外而内的资源和跨越的资源对于动态能力体现了比较明显的相关关系（β 值分别为 0.135 和 0.538，且显著性水平分别为 $p \leqslant 0.01$ 和

$p \leqslant 0.001$），但由内而外的资源在统计上不显著。因此，IS 对于流程融合有积极的显著影响，其中 IS 资源中由外而内的资源和跨越的资源对于流程融合的影响显著，如表 6-7 所示。

表 6-7 IS 资源与企业动态能力、流程融合的回归分析

变量	企业动态能力		流程融合	
	模型 1（β 值）	模型 2（β 值）	模型 1（β 值）	模型 2（β 值）
控制变量				
企业性质	0.062	0.071	-0.083	-0.044
企业年龄	-0.016	-0.052	0.078	0.049
企业主要业务所属产业	-0.045	-0.074	0.198	0.181
自变量				
由外而内的资源		0.363**		0.135**
跨越的资源		0.388**		0.538***
由内而外的资源		0.114		0.073
回归结果				
总体模型 F	0.137	9.192***	1.265	8.075***
R^2	0.006	0.492	0.057	0.459
调整后的 R^2	-0.044	0.446	0.023	0.433
R^2 变化		0.479		0.39
标准差	0.430	0.322	0.533	0.424

注：*** 表示在 $p<0.001$ 水平上显著，** 表示在 $p<0.01$ 水平上显著，本研究中多元回归分析采用了强制性的自变量进入方法，表格中显示标准回归系数，下同。

（3）流程融合与动态能力的多元回归分析

同理，在基本模型——模型 1 的基础上，对于动态能力这一变量的解释能力来说，加入了流程融合变量的模型 2 比基本模型解释力有所提高，使得调整 R^2，从 -0.044 上升到 0.299，增加了 0.343。而且加入了流程融合变量的模型 2 的 F 值是 8.025，呈现出了统计上的显著性（$p \leqslant 0.001$），因此，假设 H_5 得到验证，即 IS 资源在总体上与流程融合呈现正向的相关关系，也就是说 IS 资源在总体上对流程融合有积极的显著影响。

在模型2中，流程融合对于动态能力体现了比较明显的相关关系（β 值分别为0.598，且 $p \leqslant 0.001$），因此假设 H_6 得到验证，即流程融合在总体上与动态能力呈现正向的相关关系，也就是说流程融合对动态能力有积极的显著影响，如表6-8所示。

表6-8 流程融合与企业动态能力的回归分析

变量	企业动态能力	
	模型1（β 值）	模型2（β 值）
控制变量		
企业性质	0.062	0.111
企业年龄	-0.016	-0.062
企业主要业务所属产业	-0.045	-0.163
自变量		
流程融合		0.598***
回归结果		
总体模型 F	0.137	8.025***
R^2	0.007	0.343
调整后的 R^2	-0.044	0.299
R^2 变化		0.329
标准差	0.430	0.353

（4）流程融合的中介效应检验

为验证假设6-4，即对流程融合在IS资源与动态能力间的中介作用的测量，本书借鉴Baron和Kenny（1986）建议的具体步骤展开，测试变量的中介作用如何。首先，将企业性质、企业年龄和企业主要业务所属产业作为控制变量。如表6-9所示，步骤1分析自变量三种类型的IS资源与动态能力的相关关系，结果表明IS资源变量中由外而内的资源变量和跨越的资源变量具有显著性（均为 $p<0.01$），由内而外的资源不具有显著性；步骤2分析自变量三种类型的IS资源与流程融合的相关关系，结果表明IS资源中由外而内的资源和跨越的资源具有显著性（分别为 $p<0.01$，$p<0.001$），由内而外的资源不具有显著性；步骤3把自变量三种类型的IS资源与中介变量流程融合同步放入回归方程，发现中介变量仍具有

显著性（$p<0.01$），由外而内的资源仍具有显著性（$p<0.01$，且 $\beta_{1a}>\beta_{3a}$），跨越的资源不再具有显著性，由内而外的资源依然不具有显著性。因此，流程融合对于由外而内的资源与动态能力间关系中存在部分中介效应；对于跨越的资源与动态能力间关系属于完全中介效应；而对由内而外的资源与动态能力间关系的中介效应不成立。该结果部分地支持了假设6-4。如果将IS资源作为一个整体来看，根据上述检验步骤可得，IS资源显著积极影响动态能力，IS资源显著积极影响流程融合，而流程融合在IS资源与动态能力的关系中起到部分中介作用。

表6-9 流程融合在 IS 资源与企业动态能力间中介作用的测量

步骤	解释变量	被解释变量	β 值	成立条件
步骤1	自变量（IS资源）	因变量	β_{1a}, β_{1b}, β_{1c}	β_1应具显著性：IS资源中前两类具显著性（均为$p<0.01$），由内而外的资源不具有显著性
	由外而内的资源 跨越的资源 由内而外的资源	动态能力	0.363** 0.388** 0.114	
步骤2	自变量（IS资源）	中介变量	β_{2a}, β_{2b}, β_{2c}	β_2应具显著性：IS资源中前两类具有显著性（分别为$p<0.01$, $p<0.001$），由内而外的资源不具有显著性
	由外而内的资源 跨越的资源 由内而外的资源	流程融合	0.135** 0.538*** 0.073	
步骤3	自变量（IS资源）	因变量	β_{3a}, β_{3b}, β_{3c}	β_4应具显著性：流程融合仍具显著性；$\beta_1>\beta_3$。如果β_3不具有显著性，则为完全中介效应；如果β_3具有显著性，则为部分中介效应
	由外而内的资源 跨越的资源 由内而外的资源	动态能力	0.293** 0.279 0.114	

续表

步骤	解释变量	被解释变量	β值	成立条件
步骤3	中介变量		$β_4$	
	流程融合		0.192**	

6.1.4 整体关系模型检验

前面的回归分析得出了企业 IS 资源、流程融合与企业动态能力变量中各因素之间关系。但是这些关系并未考虑到其他变量影响以及整体变量之间的相互作用关系。本小节内容，我们将运用基于最大似然估计的协方差结构分析方法的结构方程模型构造出 IS 资源、流程融合和企业动态能力关系的整体框架模型，系统剖析了三者之间的影响关系，特别是流程融合对 IS 资源与企业动态能力之间关系的中介效应，从而进一步验证前述假设。

本章在 IS 资源、流程融合和企业动态能力等变量的测量模式上，运用前述阶段因子分析所得的因子构面及因子得分作为整体构架的多重衡量指标。当 IS 资源作为潜变量时，可以设置其观测变量为由外而内的 IS 资源（ISA）、跨越的 IS 资源（ISB）和由内而外的 IS 资源（ISC）等三个因子；当流程融合为潜变量时，其观测变量为结构融合（JGPA）、IT 融合（ITPA）和战略融合（ZLPA）等三个因子；当动态能力为潜变量时，其观测变量为资源整合能力（RI）、关系协调能力（RC）、运行控制能力（OC）、组织学习能力（OL）和战略更新能力（SU）等五个因子。将上述潜变量与对应的指标在 Amos17.0 中进行路径分析，得到表 6-10 的拟合度指标数据和图 6-1 所示的整体路径图。

表 6-10 数据拟合优度指标

指数名称		取值	评价标准	
绝对拟合指数		(卡方)/df	83.947(41)	越小越好
		(卡方)/df	2.047	小于3
		GFI	0.936	大于0.9
		RMR	0.019	小于0.05，越小越好
		RMSEA	0.070	小于0.05，越小越好
相对拟合指数		NFI	0.900	大于0.9，越接近1越好

续 表

指数名称	取值	评价标准	
相对拟合指数	TLI	0.927	大于0.9，越接近1越好
	CFI	0.945	大于0.9，越接近1越好

从绝对拟合指数来看，卡方自由度比值（卡方/df）为2.047小于3，并且RMSEA为0.07，本章中对于模型拟合度的测量，主要依据Browne和Cudeck（1993）建议以及吴明隆（2009）的观点，即RMSEA，其值小于0.05表示模型拟合较好，在0.05～0.08间表示模型拟合尚可。表6-11中RMR的值等于0.019<0.05，GFI的值为0.936，都符合最优标准，而Browne和Cudeck（1993）建议GFI的标准值需大于0.8，因此，本研究的绝对拟合指数理想。相对拟合指数NFI、TLI和CFI取值均不小于0.9，达到了最优标准，因此模型与数据达到非常好的拟合效果。

从图6-1可知，IS资源的三个因子由外而内的IS资源、跨越的IS资源和由内而外的IS资源，流程融合变量的三个因子结构融合、IT融合和战略融合以及动态能力变量的五个因子资源整合能力、关系协调能力、运行控制能力、组织学习能力和战略更新能力之间的载荷值均在0.65以上，最小值为0.655，达到相关研究所建议的最低临界水平。变量IS资源与流程融合之间存在显著的正向影响作用（其系数为0.412，$p<0.001$），变量流程融合与动态能力之间存在显著的正向影响作用（其系数为0.601，$p<0.001$），变量IS资源与动态能力之间存在显著的正向影响作用（其系数为0.601，$p=0.004<0.01$）。同样支持了假设H_4、H_5和H_6。而从表6-11中输出结果表示IS资源、流程融合与企业动态能力三个变量之间的总体影响、直接影响和间接影响系数还可以看出，IS资源对于动态能力总体影响标准化系数为0.420。这一影响作用可以分为两方面，一是体现为直接影响，即IS资源对动态能力变量存在显著的直接影响，标准化系数为0.173；另一方面体现为间接影响，即IS资源通过流程融合对动态能力变量存在显著的间接影响，标准化系数为0.248（直接影响与间接影响系数之和应与总体影响系数相等，

此处误差为 Amos17.0 输出数据精度取舍所致）。这也证明了前述假设 H_7，即流程融合在 IS 资源对于动态能力的影响关系中起到了中介作用，而且是部分中介作用，与前述的回归分析结果相同。

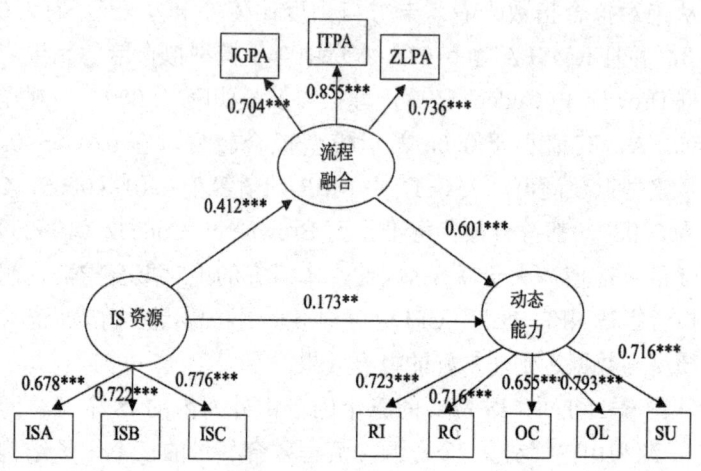

注：*** $p<0.001$，** $p<0.01$

图 6-1　IS 资源、流程融合与动态能力关系实证分析结果

表 6-11　IS 资源、流程融合与动态能力关系标准化影响系数

变量	总体影响系数	直接影响系数	间接影响系数			
	IS 资源	流程融合	IS 资源	流程融合	IS 资源	流程融合
流程融合	0.412	0.000	0.412	0.000	0.000	0.000
动态能力	0.420	0.601	0.173	0.601	0.248	0.000

6.1.5 结果讨论

通过上述对问卷回收结果的相关分析与回归分析，企业 IS 资源总体上与动态能力呈正相关关系，按照 Wade 和 Huland（2003）对 IS 资源的分类，其中由外而内的资源和跨越的资源能够显著地积极影响企业动态能力的提升，而由内而外的资源对动态能力的影响并不显著。由外而内的资源在企业实践中重点关注的是预期的市

场需求、创造持久的顾客关系并了解竞争者，因此对于动态能力的战略更新能力维度、关系协调能力维度、组织学习能力维度等具有重要的影响作用；跨越的资源关注的是如何用信息化手段整合与协调企业的内部和外部资源，因此能够对于动态能力的资源交互维度、运行控制维度产生显著的积极影响。结合 Wade 和 Huland（2003）对 IS 资源的属性描述的假设，即相对于由内而外的资源、由外而内的资源和跨越的资源具有相对较高的价值性和稀缺性，且具有相对较低的可模仿性和可替代性，而这些资源属性对于企业竞争优势建立和保持具有重要作用，因此本研究的分析结果具有一定的说服力。企业可以通过获取、积累由外而内的资源和跨越的资源从而促进动态能力的提升。

最后，实证结果进一步佐证了 IS 资源对于企业流程融合的积极影响作用，同时由于企业动态能力体现为流程，流程融合也可以促进动态能力的提升，并且流程融合在 IS 资源与动态能力的关系中起到中介作用。其中，流程融合对于由外而内的资源与动态能力间关系中存在部分中介效应，对于跨越的资源与动态能力间关系属于完全中介效应。该研究结果对于通过揭示基于 IS 资源企业动态能力提升的理论与实践都具有重要意义，企业可以通过 IS 资源的获取与积累以及组织流程融合的中介作用来促进其适应动态变化的环境的能力。

Wade 和 Huland（2003）对 IS 资源属性的研究只是以命题的形式提出，因此将来可将 IS 资源的属性分析与本研究结果对比分析；环境动态性作为调节变量在动态能力对于绩效或者竞争优势的影响研究中已有文献关注，如 Zhang M. J.（2007）和焦豪（2008）等。而对于环境动态性是否也能够调节 IS 资源对于动态能力的影响作用，本章后续内容将进一步探讨。本研究得出的结果只能显示各变量之间存在影响关系，具体的影响程度以及各自变量与动态能力各维度间关系等受到问卷样本容量等因素的影响仍需要进一步检验。

6.2 IS 资源的属性分析

为检验各项 IS 资源的两个属性，即易模仿性和易替代性的区别，本章使用配对 T 检验方法进行分析，分别检验由外而内的 IS 资源（ISR_1）、跨越的 IS 资源（ISR_2）和由内而外的 IS 资源（ISR_3）在易模仿性和易替代性是否存在区别。

如表6-12所述，题项1、2描述由外而内的IS资源ISR_1，相应的题项3、4描述ISR_2，题项5~8描述ISR_3；对应的题项1.1~8.1分别为每一项IS资源的易模仿性描述，题项1.2~8.2分别为每一项IS资源的易替代性描述。

表 6-12 问卷中 IS 资源及其属性的测量题项

（一）以下语句描述企业所拥有的信息系统（IS）资源及其是否易于被模仿或者替代，请按企业实际情况评估您的认同程度	
1	企业具有管理 IS 功能与外部利益相关者之间的联系的能力，如进行 IS 开发时兼顾供应商与客户的需求特性
	1.1 竞争者可以轻易模仿该项 IS 资源
	1.2 竞争者可以轻易找到该项 IS 资源的替代资源
2	企业可以通过 IS 应用从外部获取信息并使其在部门间有效地传递，进而快速、主动响应市场变化
	2.1 竞争者可以轻易模仿该项 IS 资源
	2.2 竞争者可以轻易找到该项 IS 资源的替代资源
3	企业的 IS 开发计划与企业需求相吻合，与各职能部门的计划整合一致
	3.1 竞争者可以轻易模仿该项 IS 资源
	3.2 竞争者可以轻易找到该项 IS 资源的替代资源
4	企业具有预见未来变革，并据此选择合适的系统平台（含硬件、软件与网络平台）的能力
	4.1 竞争者可以轻易模仿该项 IS 资源
	4.2 竞争者可以轻易找到该项 IS 资源的替代资源
5	企业具有有效的硬件、软件和通信平台以实现信息共享的能力
	5.1 竞争者可以轻易模仿该项 IS 资源
	5.2 竞争者可以轻易找到该项 IS 资源的替代资源
6	企业员工可以通过硬件、软件和通信平台的应用高效完成工作
	6.1 竞争者可以轻易模仿该项 IS 资源
	6.2 竞争者可以轻易找到该项 IS 资源的替代资源

续　表

（一）以下语句描述企业所拥有的信息系统（IS）资源及其是否易于被模仿或者替代，请按企业实际情况评估您的认同程度		
7	企业对 IS 相关的新兴技术与趋势保持敏感性，具有快速利用新技术的能力	
7	7.1 竞争者可以轻易模仿该项 IS 资源	
7	7.2 竞争者可以轻易找到该项 IS 资源的替代资源	
8	企业具有通过 IS 运行提高效率、降低成本的能力	
8	8.1 竞争者可以轻易模仿该项 IS 资源	
8	8.2 竞争者可以轻易找到该项 IS 资源的替代资源	

6.2.1 易模仿性的配对 T 检验

表 6-13 给出各个题项的描述性统计结果，然后对三类 IS 资源进行统计可得表 6-14 ISR_1、ISR_2、ISR_3 的描述性统计结果。

表 6-13　易模仿性各题项的描述统计量

	N	极小值	极大值	均值	标准差	方差
$ISR_{1.1}$	335	1.00	5.00	2.6387	1.09491	1.199
$ISR_{2.1}$	335	1.00	5.00	2.7311	1.07117	1.147
$ISR_{3.1}$	335	1.00	5.00	2.7815	0.95810	0.918
$ISR_{4.1}$	335	1.00	5.00	2.7059	0.87675	0.769
$ISR_{5.1}$	335	1.00	5.00	2.8908	0.98109	0.963
$ISR_{6.1}$	335	1.00	5.00	3.0084	0.98717	0.975
$ISR_{7.1}$	335	1.00	5.00	2.8067	0.88564	0.784
$ISR_{8.1}$	335	1.00	5.00	2.9580	0.96018	0.922
有效的 N（列表状态）	335					

表 6-14　易模仿性的描述统计量

	描述统计量								
	N	全距	极小值	极大值	均值	标准差	方差	偏度		峰度	
	统计量	统计量	统计量	统计量	统计量	统计量	统计量	统计量	标准误	统计量	标准误
ISR_1 易模仿性	335	4.00	1.00	5.00	2.685	0.995	0.991	0.301	0.222	-0.665	0.440
ISR_2 易模仿性	335	4.00	1.00	5.00	2.744	0.820	0.673	0.175	0.222	-0.318	0.440

续 表

ISR$_3$易模仿性	335	3.75	1.00	4.75	2.916	0.801	0.642	-0.050	0.222	-0.735	0.440
有效的 N（列表状态）	335										

将ISR$_1$易模仿性、ISR$_2$易模仿性和ISR$_3$易模仿性两两配对进行T检验，可得如表6-15、6-16和6-17的结果。

表6-15 成对样本描述统计量

	成对样本统计量				
		均值	N	标准差	均值的标准误
对1	ISR$_1$易模仿性	2.6849	335	0.99547	0.09125
	ISR$_2$易模仿性	2.7437	335	0.82046	0.07521
对2	ISR$_2$易模仿性	2.7437	335	0.82046	0.07521
	ISR$_3$易模仿性	2.9160	335	0.80140	0.07346
对3	ISR$_1$易模仿性	2.6849	335	0.99547	0.09125
	ISR$_3$易模仿性	2.9160	335	0.80140	0.07346

表6-16 成对样本相关系数

	成对样本相关系数			
		N	相关系数	Sig.
对1	ISR$_1$易模仿性 & IS$_2$易模仿性	335	0.736	0.000
对2	ISR$_2$易模仿性 & IS$_3$易模仿性	335	0.747	0.000
对3	ISR$_1$易模仿性 & IS$_3$易模仿性	335	0.612	0.000

表6-17 易模仿性成对样本检验结果

	成对样本检验								
		成对差分							
					差分的95%置信区间				Sig.（双侧）
		均值	标准差	均值的标准误	下限	上限	t	df	
对1	ISR$_1$易模仿性－ISR$_2$易模仿性	-0.059	0.680	0.062	-0.182	0.064	-0.943	118	0.347
对2	ISR$_2$易模仿性－ISR$_3$易模仿性	-0.172	0.577	0.053	-0.277	-0.067	-3.255	118	0.001
对3	ISR$_1$易模仿性－ISR$_3$易模仿性	-0.231	0.810	0.074	-0.378	-0.083	-3.110	118	0.002

从表 6-17 数据可知，ISR_1 易模仿性 - ISR_2 易模仿性 T 检验不显著，而 ISR_2 易模仿性 - ISR_3 易模仿性和 ISR_1 易模仿性 - ISR_3 易模仿性成对样本 T 检验是显著的，而且差值均为小于 0。也就是说，对于易模仿性来说，由外而内的 IS 资源与跨越的 IS 资源没有显著不同，而这两个变量与由内而外的 IS 资源缺存在显著不同，而且显著性指标 $p=0.001$，而这二者与由内而外的 IS 资源都存在显著不同，而且是相对于由内而外的 IS 资源来说，企业积累形成的由外而内的 IS 资源与跨越的 IS 资源更加不易于被其他企业模仿。

6.2.2 易替代性的配对 T 检验

使用同样的分析方法对三种资源的易替代性进行成对样本 T 检验，可得结果如表 6-18 所示，描述性统计结果在此不再赘述。

表 6-18 易替代性成对样本检验结果

		成对样本检验							
		成对差分					t	df	Sig.（双侧）
		均值	标准差	均值的标准误	差分的 95% 置信区间				
					下限	上限			
对 1	ISR_1 易替代性－ISR_2 易替代性	-0.008	0.676	0.062	-0.131	0.114	-0.136	118	0.892
对 2	ISR_2 易替代性－ISR_3 易替代性	-0.176	0.557	0.051	-0.278	-0.075	-3.453	118	0.001
对 3	ISR_1 易替代性－ISR_3 易替代性	-0.185	0.868	0.079	-0.342	-0.027	-2.325	118	0.022

从表 6-18 数据可知，ISR_1 易替代性 -ISR2 易替代性 T 检验不显著，而 ISR_2 易替代性 -ISR_3 易替代性和 ISR_1 易替代性 -ISR_3 易替代性成对样本 T 检验是显著的，而且差值均为小于 0。也就是说，对于易替代性来说，由外而内的 IS 资源与跨越的 IS 资源没有显著不同，但是这二者都显著地区别于由内而外的 IS 资源。也就是说，相对于由内而外的 IS 资源来说，由外而内的 IS 资源与跨越的 IS 资源更加不易被其他资源替代。

6.3 环境不确定性的作用分析

6.3.1 环境不确定性的因子分析

因子分析过程中，去掉题项 8 之后，可以旋转得到环境不确定性变量的两个因子。将其归纳为环境动态性因子，对应题项 1、2、3 和 4，和环境敌对性因子，对应题项 5、6、7 和 9，符合预期。对于环境不确定性变量的描述性统计的结果、KMO 和 Bartlett 的检验以及旋转成分矩阵如表 6-19、6-20 和表 6-21 所示。

表 6-19 环境不确定性各题项描述统计结果

	均值	标准差
E_1	3.1261	1.18289
E_2	2.7983	0.92590
E_3	3.3445	1.05314
E_4	2.8908	1.03980
E_5	4.1092	0.88097
E_6	4.0924	0.74778
E_9	3.8403	0.80236
E_7	3.3361	1.01912

表 6-20 环境不确定性变量 KMO 和 Bartlett 的检验

KMO 和 Bartlett 的检验		
取样足够度的 Kaiser-Meyer-olkin 度量		0.783
Bartlett 的球形度检验	近似卡方	263.811
	df	28
	Sig.	0.000

表 6-21 环境不确定性变量旋转成分矩阵

	旋转成分矩阵 a	
	1	2
E_6	0.843	0.122
E_5	0.795	0.248
E_9	0.757	0.163
E_7	0.420	0.229
E_2	0.011	0.858

续　表

旋转成分矩阵 a		
E_4	0.264	0.651
E_3	0.313	0.601
E_1	0.486	0.519

提取方法：主成分分析法。
旋转法：具有 Kaiser 标准化的正交旋转法。
a. 旋转在 3 次迭代后收敛。

6.3.2 环境不确定性的调节作用

为检验环境不确定性在 IS 资源与动态能力、流程融合与动态能力以及 IS 资源与流程融合的关系中的调节作用，本章将使用层级回归方法来进行分析。首先，对 IS 资源及环境不确定性进行中心化处理；然后通过层级回归分析，分别对环境动态性和环境敌对性的调节作用进行检验。

（1）环境动态性在 IS 资源与动态能力的关系中的调节作用

本研究进行层级回归分析的具体步骤按如下展开。首先，如表 6-22 中模型 1 所示，将企业性质和企业规模两个变量作为控制变量，将动态能力作为被解释变量进行回归分析；其次，增加已中心化处理的 IS 资源变量和环境动态性变量两个变量进行回归分析；最后，增加交互项影响进行回归分析，即中心化处理的 IS 资源与环境动态性变量的交互项，观察交互项的影响作用是否显著。可得如表 6-22 所示的回归分析结果。

表 6-22　回归分析——环境动态性对 IS 资源与动态能力关系的调节作用

模型		系数 a						
		非标准化系数		标准系数	t	Sig.	共线性统计量	
		B	标准误差	试用版			容差	VIF
1	（常量）	3.204	0.171		18.722	0.000		
	企业性质	0.058	0.028	0.195	2.116	0.036	0.962	1.040
	企业规模	0.060	0.033	0.168	1.819	0.071	0.962	1.040

续 表

模型		非标准化系数		标准系数	t	Sig.	共线性统计量	
		B	标准误差	试用版			容差	VIF
2	（常量）	3.327	0.158		21.104	0.000		
	企业性质	0.043	0.026	0.143	1.672	0.097	0.925	1.081
	企业规模	0.040	0.030	0.112	1.322	0.189	0.941	1.063
	环境动态性	0.059	0.053	0.098	1.115	0.267	0.883	1.132
	IS 资源	0.242	0.055	0.385	4.397	0.000	0.880	1.136
3	（常量）	3.376	0.150		22.520	0.000		
	企业性质	0.038	0.024	0.128	1.576	0.118	0.923	1.083
	企业规模	0.021	0.029	0.058	0.717	0.475	0.912	1.097
	E 动态性	0.055	0.050	0.091	1.101	0.273	0.883	1.132
	IS 资源	0.252	0.052	0.401	4.824	0.000	0.878	1.139
	环境动态性与 IS 资源	0.258	0.069	0.297	3.750	0.000	0.967	1.034

a. 因变量：动态能力

假设 H_{10a} 为环境动态性对 IS 资源与动态能力关系的调节作用。由回归分析的结果可以看出，环境动态性与 IS 资源的交互项显著异于零，实证结果支持环境动态性对于 IS 资源与动态能力关系的调节作用。也就是说，结合前述 IS 资源与动态能力的实证结果，IS 资源对动态能力的影响作用在环境越是动荡的条件下会显著增强。假设 H_{10a} 得到支持。

（2）环境敌对性在 IS 资源与动态能力的关系中的调节作用

仍然使用层次回归方法检验环境敌对性在 IS 资源与动态能力关系中的调节作用。首先，将企业性质和企业规模两个变量作为控制变量，将动态能力作为被解释变量，进行回归分析；其次，增加已中心化处理的 IS 资源变量和环境敌对性变量两个变量，进行回归分析；最后，增加交互项影响进行回归分析，即中心化处理的 IS 资源与环境敌对性变量的交互项，观察交互项的影响作用是否显著。可得如表 6-22 所示的回归分析结果。

表 6-23 回归分析——环境敌对性对 IS 资源与动态能力关系的调节作用

模型		非标准化系数		标准系数	t	Sig.	共线性统计量	
		B	标准误差	试用版			容差	VIF
3	（常量）	3.378	0.145		23.332	0.000		
	企业性质	0.034	0.023	0.115	1.468	0.145	0.918	1.089
	企业规模	0.026	0.028	0.071	0.915	0.362	0.932	1.073
	IS 资源	0.279	0.049	0.443	5.660	0.000	0.927	1.078
	环境敌对性	0.070	0.055	0.099	1.276	0.205	0.943	1.061
	环境敌对性与 IS 资源	0.391	0.081	0.367	4.811	0.000	0.973	1.028

a. 因变量：动态能力

假设 H_{10b} 为环境敌对性对 IS 资源与动态能力关系的调节作用。由回归分析的结果可以看出，环境敌对性与 IS 资源的交互项显著大于零，实证结果支持环境敌对性对于 IS 资源与动态能力关系的调节作用。也就是说，结合前述 IS 资源与动态能力的实证结果，IS 资源对动态能力的影响作用在环境越是敌对的条件下会显著增强。假设 H_{10b} 得到支持。

（3）环境动态性在流程融合与动态能力的关系中的调节作用

检验过程如前所述，可得最后一步回归分析的结果，如表 6-24 所示。

表 6-24 回归分析——环境动态性对流程融合与动态能力关系的调节作用

模型		系数 a						
		非标准化系数		标准系数	t	Sig.	共线性统计量	
		B	标准误差	试用版			容差	VIF
3	（常量）	2.171	0.289		7.523	0.000		
	企业性质	0.036	0.025	0.121	1.446	0.151	0.903	1.108
	企业规模	0.013	0.030	0.036	0.422	0.674	0.894	1.118
	流程融合	0.352	0.081	0.392	4.358	0.000	0.785	1.274
	环境动态性	0.048	0.051	0.079	0.933	0.353	0.876	1.142
	流程融合与环境动态性	0.181	0.083	0.180	2.181	0.031	0.936	1.068

a. 因变量：动态能力

假设 H_{11a} 为环境动态性对流程融合与动态能力关系的调节作用。由回归分析的结果可以看出，环境动态性与流程融合的交互项显著异于零，实证结果支持环境动态性对于流程融合与动态能力关系的调节作用。即结合前述流程融合与动态能力的实证结果，流程融合对动态能力的影响作用在环境越是动荡的条件下会显著增强。假设 H_{11a} 得到支持。

（4）环境敌对性在流程融合与动态能力的关系中的调节作用

由回归分析的结果可以看出，环境敌对性与流程融合的交互项显著大于零，实证结果支持环境敌对性对于流程融合与动态能力关系的调节作用。假设 H_{11b} 得到支持，即流程融合对动态能力的影响作用在环境敌对性增强时会显著增强。

表 6-25 回归分析——环境敌对性对流程融合与动态能力关系的调节作用

模型		非标准化系数		标准系数	t	Sig.	共线性统计量	
		B	标准误差	试用版			容差	VIF
3	（常量）	3.435	0.158		21.760	0.000		
	企业性质	0.035	0.025	0.116	1.381	0.170	0.899	1.112
	企业规模	0.015	0.030	0.041	0.485	0.628	0.897	1.115
	环境敌对性	0.016	0.060	0.022	0.262	0.794	0.894	1.118
	流程融合	0.370	0.079	0.411	4.694	0.000	0.828	1.208
	流程融合与环境敌对性	0.230	0.101	0.188	2.271	0.025	0.923	1.083
	a. 因变量：动态能力							

（5）环境动态性、环境敌对性在 IS 资源与流程融合的关系中的调节作用

同理可得环境动态性、环境敌对性在 IS 资源与流程融合的关系中的调节作用检验过程，得到表 6-26 和表 6-27 的数据。

表 6-26 回归分析——环境动态性对 IS 资源与流程融合关系的调节作用

模型		非标准化系数		标准系数	t	Sig.	共线性统计量	
		B	标准误差	试用版			容差	VIF
3	（常量）	3.167	0.165		19.180	0.000		
	企业性质	0.050	0.027	0.151	1.883	0.062	0.923	1.083
	企业规模	0.061	0.032	0.154	1.912	0.058	0.912	1.097
	IS 资源	0.250	0.058	0.357	4.334	0.000	0.878	1.139
	环境动态性	0.132	0.055	0.198	2.411	0.018	0.883	1.132
	环境动态性与 IS 资源	0.208	0.076	0.216	2.753	0.007	0.967	1.034
	a. 因变量：流程融合							

表 6-27 回归分析——环境敌对性对 IS 资源与流程融合关系的调节作用

系数 a

模型		非标准化系数		标准系数	t	Sig.	共线性统计量	
		B	标准误差	试用版			容差	VIF
3	（常量）	3.171	0.160		19.852	0.000		
	企业性质	0.046	0.026	0.138	1.775	0.079	0.918	1.089
	企业规模	0.065	0.031	0.162	2.099	0.038	0.932	1.073
	IS 资源	0.288	0.054	0.412	5.310	0.000	0.927	1.078
	环境敌对性	0.148	0.061	0.187	2.432	0.017	0.943	1.061
	环境敌对性与 IS 资源	0.367	0.090	0.310	4.099	0.000	0.973	1.028

a. 因变量：流程融合

由回归分析的结果可以看出，环境动态性和环境敌对性对于 IS 资源与流程融合关系调节作用都是显著的。假设 H_{12a} 和假设 H_{12b} 都得到支持，即 IS 资源对流程融合的影响作用在环境越是动荡、越是敌对时会显著增强。

6.3.3 环境不确定性的驱动作用

检验环境不确定性对动态能力是否存在直接的驱动作用时，即检验本章中的假设 H_{13a} 和假设 H_{13b}，将企业性质和企业规模作为控制变量，将环境动态性、环境敌对性作为解释变量，企业动态能力及其五个维度——战略更新能力、组织学习能力、运行控制能力、关系协调能力与资源整合能力分别作为被解释变量进行多元回归分析。分析结果如下列表所示。

表 6-28 回归分析——环境不确定性对动态能力的驱动作用

	模型	标准系数 试用版	t	Sig.	共线性统计量	
					容差	VIF
因变量：动态能力	企业性质	0.215	2.361	0.020	0.950	1.052
	企业规模	0.138	1.509	0.134	0.945	1.058
	环境动态性	0.182	1.718	0.089	0.704	1.421
	环境敌对性	0.063	0.594	0.554	0.704	1.420

表 6-29 回归分析——环境不确定性对战略更新能力的驱动作用

模型		标准系数 试用版	t	Sig.	共线性统计量	
					容差	VIF
因变量：战略更新能力	企业性质	0.130	1.414	0.160	0.950	1.052
	企业规模	0.220	2.385	0.019	0.945	1.058
	环境动态性	0.142	1.331	0.186	0.704	1.421
	环境敌对性	0.031	0.292	0.771	0.704	1.420

表 6-30 回归分析——环境不确定性对组织学习能力的驱动作用

模型		标准系数 试用版	t	Sig.	共线性统计量	
					容差	VIF
因变量：组织学习能力	企业性质	0.181	1.966	0.052	0.950	1.052
	企业规模	0.206	2.234	0.027	0.945	1.058
	环境动态性	0.161	1.505	0.135	0.704	1.421
	环境敌对性	-0.031	-0.292	0.771	0.704	1.420

表 6-31 回归分析——环境不确定性对运行控制能力的驱动作用

模型		标准系数 试用版	t	Sig.	共线性统计量	
					容差	VIF
因变量：运行控制能力	企业性质	0.218	2.381	0.019	0.950	1.052
	企业规模	0.021	0.231	0.817	0.945	1.058
	环境动态性	0.094	0.882	0.380	0.704	1.421
	环境敌对性	0.179	1.685	0.095	0.704	1.420

表 6-32 回归分析——环境不确定性对关系协调能力的驱动作用

模型		标准系数 试用版	t	Sig.	共线性统计量	
					容差	VIF
因变量：关系协调能力	企业性质	0.123	1.302	0.195	0.950	1.052
	企业规模	0.059	0.628	0.531	0.945	1.058
	环境动态性	0.103	0.944	0.347	0.704	1.421
	环境敌对性	0.077	0.706	0.481	0.704	1.420

表 6-33 回归分析 - 环境不确定性对资源整合能力的驱动作用

<table>
<tr><th colspan="2" rowspan="2">模型</th><th>标准系数</th><th rowspan="2">t</th><th rowspan="2">Sig.</th><th colspan="2">共线性统计量</th></tr>
<tr><th>试用版</th><th>容差</th><th>VIF</th></tr>
<tr><td rowspan="4">因变量：
资源整
合能力</td><td>企业性质</td><td>2.455</td><td>0.016</td><td>0.950</td><td>1.052</td><td>2.455</td></tr>
<tr><td>企业规模</td><td>0.455</td><td>0.650</td><td>0.945</td><td>1.058</td><td>0.455</td></tr>
<tr><td>环境动态性</td><td>6.387</td><td>0.130</td><td>0.704</td><td>1.421</td><td>6.387</td></tr>
<tr><td>环境敌对性</td><td>-0.025</td><td>0.980</td><td>0.704</td><td>1.420</td><td>-0.025</td></tr>
</table>

从表 6-28 到表 6-33 可以看到，无论是对总体的动态能力还是动态能力的五个维度来说，环境动态性和环境敌对性对于各个被解释变量的回归分析中，均不显著，即环境动态性和环境敌对性均未形成直接的驱动作用，假设 H_{13a} 和假设 H_{14b} 不支持。

6.4 结果讨论

（1）不确定性环境下企业动态能力提升的重要来源：IS 资源

企业信息化过程中不断积累的信息系统 IS 资源是培育企业能力的一个重要方面。企业信息化建设能够帮助企业有效获取企业内部、外部信息，针对环境变化需求制订适应的企业战略；利于企业横向、纵向的信息流动，形成企业知识；协助企业根据环境变化企业与各个利益相关者间的关系等。而根据环境需要获取和整合企业的各种资源，重构企业流程对战略做出适当调整正是动态能力的表现形式。因此这些都是 IS 资源对于企业动态能力提升作用的具体体现。最初的动态能力理论研究框架中，组织流程是其中重要的组成部分之一，已有文献从流程融合的角度讨论企业动态能力提升的过程，并实证验证了流程融合对于动态能力提升的积极影响作用，而 IT/IS 应用积累的 IS 资源，能够给企业的业务处理流程进行梳理和优化，促进部门之间协作的流程融合，从而更有效地实现企业目标，这些促进作用过程在现有文献或者企业实践中都已经达成共识。

首先，实证结果表明，IS 资源在总体上对动态能力有积极的显著影响，并且按照对 IS 资源的划分，其中由外而内的 IS 资源和跨越的IS资源与动态能力的正向相关关系得到了验证,但是由内而外的IS资源的影响并不显著。

其次,IS资源对于企业动态能力提升的影响作用还通过互补性资源——流程融合的中介作用实现。随着企业信息化的应用,IS资源的获取与积累对于企业各种业务流程的运作以及流程融合的促进作用是毋庸置疑的,更进一步,本章研究结果表明,流程融合在IS资源与动态能力的关系中起到部分中介作用。详细来说,流程融合对于由外而内的资源与动态能力间关系中存在部分中介效应;对于跨越的资源与动态能力间关系属于完全中介效应;而对由内而外的资源与动态能力间关系的中介效应不成立。

(2) IS资源对企业动态能力提升中的作用机理进一步原因分析:IS资源不易模仿性和不易替代性显著不同

资源基础观理论提出,企业的资源具有价值性、稀缺性、独占性、不易迁移性、不易模仿性和不易替代性等,对于IS资源也不例外。根据Peteraf(1993)的对资源属性的分类,不易模仿性和不易替代性对应着企业在赢得一定的比较优势之后,为继续赢得或者维持竞争优势而需要不断获取的资源的属性,这与本书中动态能力提升过程中IS资源的作用研究是相一致的。

本章实证结果表明,对于易模仿性来说,由外而内的IS资源与跨越的IS资源不存在显著差别,而这二者与由内而外的IS资源都存在着显著不同,而且是由外而内的IS资源与跨越的IS资源相比由内而外的IS资源具有更低的易模仿性。对于易替代性来说,由外而内的IS资源与跨越的IS资源没有显著不同,而这二者与由内而外的IS资源都存在着显著不同,而且是由外而内的IS资源与跨越的IS资源相比由内而外的IS资源具有更低的易替代性。

这一关于IS资源的属性,即不易替代性和不易模仿性的分析,更进一步佐证了不同IS资源在企业动态能力提升过程中的促进作用的不同体现。具有更高程度的不易模仿性和不易替代性的由外而内的IS资源与跨越的IS资源都能够直接地对动态能力提升产生显著正向影响，而且也可以通过流程融合这一互补性资源的完全中介或者部分中介作用下对动态能力提升产生积极影响。与之对比，由内而外的 IS 资源，由于在企业实践中，相对来说更容易被竞争对手模仿并且其作用也可以通过其他替代性资源来代替，因此无论是直接还是间接地对企业动态能力提升的影响作用都不显著。

(3) 环境不确定的角色：IS 资源对企业动态能力提升影响的调节变量

与相对稳定的环境相比，在一个快速变革、不断发生动荡的环境中，企业更需要不同的资产和能力以获取更优的绩效（Eisenhardt and Martin 2000; Teece et al. 1997; Volberda 1996）。在一个相对稳定的商业环境中，管理者的大量精力都投向如何为企业产生竞争优势。因此，环境不确定性是需要考虑的一个非常重要的因素，而且对于环境不确定性究竟是驱动变量还是调节变量仍未取得一致意见。

本章实证结果表明环境不确定性可以分解为环境动态性和环境敌对性两个因子。支持环境动态性对于 IS 资源与动态能力关系的调节作用，即结合前述 IS 资源与动态能力的实证结果，IS 资源对动态能力的影响作用在环境越是动荡的条件下会显著增强；支持环境敌对性对于 IS 资源与动态能力关系的调节作用，即结合前述 IS 资源与动态能力的实证结果，IS 资源对动态能力的影响作用在环境越是敌对的条件下会显著增强；支持环境动态性对于流程融合与动态能力关系的调节作用，即结合前述流程融合与动态能力的实证结果，流程融合对动态能力的影响作用在环境越是动荡的条件下会显著增强；支持环境敌对性对于流程融合与动态能力关系的调节作用，即流程融合对动态能力的影响作用在环境敌对性增强时会显著增强；同时可知，环境动态性和环境敌对性对于 IS 资源与流程融合关系调节作用都是显著的，即 IS 资源对流程融合的影响作用在环境越是动荡、越是敌对时会显著增强。

6.5 本章小结

本章对不确定环境下 IS 资源视角的企业动态能力提升研究模型和假设进行验证。结果显示，企业信息化过程中不断积累的信息系统 IS 资源是培育企业能力的一个重要方面。企业信息化建设能够帮助企业有效获取企业内部、外部信息，针对环境变化需求制订适应的企业战略；利于企业横向、纵向的信息流动，形成企业知识；协助企业根据环境变化企业与各个利益相关者间的关系等。重构企业流程对战略做出适当调整正是动态能力的表现形式，已有理论支持企业的动态能力能够通过流程融合来提升，而 IS 资源对企业业务流程运作以及流程融合的促进作用是在研究和实践中都得到了认可。

更进一步分析，不同的 IS 资源对于动态能力的影响作用不同的深层次原因，在于不同的 IS 资源具有不同程度的易模仿性和易替代性，形成和提升过程中体现不同作用的内在原因。更高程度的不易模仿和不易替代的 IS 资源在动态能力提升过程中起的作用越显著，比如由外而内的 IS 资源和跨越的 IS 资源。因此，企业可以进一步通过更加关注某些 IS 资源的积累，进而促进自身动态能力的提升。环境不确定性在 IS 资源与动态能力的影响关系中体现显著调节作用，说明在越是动荡的环境和越是敌对的环境中，企业更应该重视 IS 资源在动态能力构建过程中的作用。

第 7 章 结论与展望

通过前述章节的分析与阐述。本章将对其内容进行总结，得出本书研究的主要结论，并指出其理论意义和实践意义，提出对于管理实践的启示，并说明本书的研究局限及后续可开展的进一步研究。

7.1 本研究主要结论

企业如何获得竞争优势并在相当长一段时期内维持竞争优势是战略管理领域永恒关注的研究问题，动态能力理论对此展示了一个新的研究思路。动态能力使企业能够适应不确定环境获得持续竞争优势。现有文献中关于动态能力对企业绩效、竞争优势的获取的影响已有较多关注，但是很少文献考虑信息化对于动态能力的影响。鉴于目前在企业动态能力研究中内容和方法上的不足，本书在对相关文献进行梳理的基础上，通过理论分析和问卷调查与分析，剖析三个具体问题，即企业动态能力的内涵、企业 IS 资源对动态能力的影响以及环境不确定性在这一关系中起到的作用。通过上述问题的分析，试图为不确定环境下企业动态能力的提升寻找理论与现实出路。围绕这些问题，本书取得了如下结论：

（1）动态能力内涵的剖析：五维度模型

动态能力由 Teece 和 Pisano（1997）首先提出，他们认为动态能力能够使企业面对环境变化对其现有资源做出调整和整合进而具备长期的竞争优势。在动态能力理论中，企业这一研究主体被置于不确定环境中，因而该理论的研究更加符合企业的生存现实。现有的动态能力研究从动态能力性质、产生、发展等方面以及动态能力对于企业长期的竞争优势的影响作用进行了深入的探讨，但需要指出的是此类研究中动态能力仍具有不易操作性和难以验证性。就像Zahra等（2006）所示，"已有的动态能力研究对于实证研究和测量仍然缺乏较统一的理解"，现有动态能力研究处于百家争鸣的状态，对于其维度划分等内容仍未达成一致共识。

动态能力是一个多维度、多层面的研究框架，目前对动态能力的构成维度研究还处于探索阶段，相关维度划分的分析缺乏对于企业内部与环境的整体的、系统的研究。生存系统模型指导下的企业系统设计关注的环境多样性、动态性以及如何适应环境与企业动态能力是相辅相成的。在当今复杂与动荡的环境中，系统理论的视角非常适于用来审查组织动态能力的观点。因此，本书使用生存系统模型作为指导理论，分析动态能力的内涵与构成维度。

通过文献与实证分析，本书认为动态能力内涵可描述为企业适应环境变化过程中，动态更新其战略，通过与环境进行资源交互、内部整合、外部协调及组织学习形成系统地解决问题的潜力。动态能力是一个由运行控制能力、关系协调能力、战略更新能力、组织学习能力和资源整合能力组成的"生存系统"。

同时实证结果表明，动态能力是一个能力整合系统，各个维度之间存在着有机联系。关系协调能力（系统2）与运行控制能力（系统3）都对资源整合能力（系统1）具有显著的正向影响。资源整合能力直接面对外部环境的"多样性"，在关系协调能力和运行控制能力的作用下能够及时地自我调整或者改变环境，在这样的作用关系下，三者组成的"自主管理"系统可以得到协同发展。另外，关系协调能力对于资源整合能力的积极影响作用，这一结论与已有文献中关于协作与战略联盟和企业绩效之间的关系等观点相一致。本书实证过程验证得出了资源整合能力和关系协调能力对组织学习能力的正向影响作用。战略更新能力体现企业制订战略，并根据环境变化及时调整战略的能力，因此实证结果显示的资源整合能力、组织学习能力对于战略更新能力的显著影响，就体现在为战略更新提供企业自身以及所处环境的全面信息方面。因此动态能力是一个五维度模型，五种能力存在相互作用、相互促进的关系，动态能力是在五种能力的相互促进过程中不断提升与演化的。

（2）不确定性环境下企业动态能力提升的重要来源：IS 资源

企业信息化过程中不断积累的信息系统 IS 资源是培育企业能力的一个重要方面。企业信息化建设能够帮助企业有效获取企业内部、外部信息，针对环境变化需求制订适应的企业战略；利于企业横向、纵向的信息流动，形成企业知识；协助企业根据环境变化企业与各个利益相关者间的关系等。而根据环境需要获取和整合企业的各种资源，重构企业流程对战略做出适当调整正是动态能力的表现形式。因此这些都是 IS 资源对于企业动态能力提升作用的具体体现。最初的动态能力理论研究框架中，组织流程是其中重要的组成部分之一，已有文献从流程融合的角度讨论企业动态能力提升过程，并实证验证了流程融合对于动态能力提升的积极影响作用，而 IT/IS 应用积累的 IS 资源，能够给企业的业务处理流程进行梳理和优化，促进部门之间协作的流程融合，从而更有效地实现企业目标，这些促进作用过程在现有文献或者企业实践中都已经达成共识。

首先，实证结果表明，IS 资源在总体上对动态能力有积极的显著影响，并且按照对 IS 资源的划分，其中由外而内的 IS 资源和跨越的 IS 资源与动态能力的正向相关关系得到了验证，但是由内而外的 IS 资源的影响并不显著。

其次，IS 资源对于企业动态能力提升的影响作用还通过互补性资源——流程融合的中介作用实现。随着企业信息化的应用，IS 资源的获取与积累对于企业各种业务流程的运作以及流程融合的促进作用是毋庸置疑的。本书研究结果表明，流程融合在 IS 资源与动态能力的关系中起到部分中介作用。详细来说，流程融合对于由外而内的资源与动态能力间关系中存在部分中介效应；对于跨越的资源与动态能力间关系属于完全中介效应；而对由内而外的资源与动态能力间关系的中介效应不成立。

(3)IS 资源对企业动态能力提升中的作用机理进一步原因分析：IS 资源不易模仿性和不易替代性显著不同

资源基础观理论提出，企业的资源具有价值性、稀缺性、独占性、不易迁移性、不易模仿性和不易替代性等，对于 IS 资源也不例外。根据 Peteraf（1993）的对资源属性的分类，不易模仿性和不易替代性对应着企业在赢得一定的比较优势之后，为继续赢得或者维持竞争优势而需要不断获取的资源的属性，这与本书中动态能力提升过程中 IS 资源的作用研究是相一致的。

本书实证结果表明，对于易模仿性来说，由外而内的 IS 资源与跨越的 IS 资源不存在显著差别，而这二者与由内而外的 IS 资源都存着显著不同，而且是由外而内的 IS 资源与跨越的 IS 资源相比由内而外的 IS 资源具有更低的易模仿性。对于易替代性来说，由外而内的 IS 资源与跨越的 IS 资源没有显著不同，而这二者与由内而外的 IS 资源都存着显著不同，而且是由外而内的 IS 资源与跨越的 IS 资源相比由内而外的 IS 资源具有更低的易替代性。

这一关于 IS 资源的属性，即不易替代性和不易模仿性的分析，更进一步佐证了不同 IS 资源在企业动态能力提升过程中的促进作用的不同体现。具有更高程度的不易模仿性和不易替代性的由外而内的 IS 资源与跨越的 IS 资源都能够直接地对动态能力提升产生显著正向影响，而且也可以通过流程融合这一互补性资源的完全中介或者部分中介作用下对动态能力提升产生积极影响。与之相对，由内而外的 IS 资源，由于具有较低程度的不易模仿性和不易替代性，无论是直接还是间接地对企业动态能力提升的影响作用都不显著。

(4)环境不确定的角色：IS 资源对企业动态能力提升影响的调节变量

与相对稳定的环境相比，在一个快速变革、不断发生动荡的环境中，企业更需要不同的资产和能力以获取更优的绩效（Eisenhardt and Martin 2000；Teece et al. 1997；Volberda 1996）。在一个相对稳定的商业环境中，管理者的大量精力都投向如何为企业产生竞争优势。因此，环境不确定性是需要考虑的一个非常重要的因素，而且对于环境不确定性究竟是驱动变量还是调节变量仍未取得一致意见。

本书实证结果表明环境不确定性可以分解为环境动态性和环境敌对性两个因子。支持环境动态性对于 IS 资源与动态能力关系的调节作用，即结合前述 IS 资源与动态能力的实证结果，IS 资源对动态能力的影响作用在环境越是动荡的条件下会显著增强；支持环境敌对性对于 IS 资源与动态能力关系的调节作用，即结合前述 IS 资源与动态能力的实证结果，IS 资源对动态能力的影响作用在环境越是敌对的条件下会显著增强；支持环境动态性对于流程融合与动态能力关系的调节作用，即结合前述流程融合与动态能力的实证结果，流程融合对动态能力的影响作用在环境越是动荡的条件下会显著增强；支持环境敌对性对于流程融合与动态能力关系的调节作用，即流程融合对动态能力的影响作用在环境敌对性增强时会显著增强；同时可知，环境动态性和环境敌对性对于 IS 资源与流程融合关系调节作用都是显著的，即 IS 资源对流程融合的影响作用在环境越是动荡、越是敌对时会显著增强。

7.2 理论意义与管理启示

7.2.1 理论意义

（1）清晰界定了动态能力的内涵与维度及其内在联系

本节中动态能力总体的维度划分是依据组织控制论的生存系统模型的理论支持，具体维度的问卷设计过程中参考了动态能力方面的经典文献。组织控制论，正如生存系统模型所体现出来的一样，提供了一个普遍性的模型，着力于分析组织中那些对于生存能力不可或缺的方面，组织被认为能够对其环境产生影响并且对环境进行适应。因此，依据生存系统模型分析得到的企业动态能力所应具备的维度是企业在动态环境中保持竞争优势所应展现的关键特征，是不可或缺、相互依存的，实证分析的结果一方面支持了维度划分的合理性，同时也说明了应用组织控制论（更具体来说是生存系统模型）来分析企业动态能力是适用的，符合国内企业的具体情形。

其实，本书中的研究结论并不与国内外学者的实证研究的结论完全相悖，而且与部分实证结果存在相一致的情况。比如曹红军等（2009）将动态能力划分成为动态信息利用能力、资源释放能力、内部整合能力、外部协调能力以及资源获取能力五个维度。焦豪等（2008）文中实证过程表明动态能力可以表达为环境洞察力、技术柔性与组织柔性以及变革更新能力四个相应的构成维度。这些情况可以表明本书研究能够在前述研究人员的基础上得出一些相对具有普适性的结论，揭露出动态能力研究的普遍性结论。另外，本书中通过文献基础上的基于生存系统模型理论指导，并实证研究得出的动态能力五维度间的相互影响关系，验证了依据生存系统模型确定的动态能力维度的结构与相互作用，是对动态能力理论的有益补充，同时也进一步丰富了管理控制论——生存系统模型在组织设计与诊断之外的新的应用指导领域，是本书研究的一个贡献和创新。

（2）明确了 IS 资源在动态能力提升过程中的作用机理

IS 资源是不确定性环境下企业动态能力提升的重要来源。IS 资源可以直接对动态能力提升起到显著影响作用，而且还可以通过互补性资源——流程融合的中介作用对动态能力提升产生影响。更进一步，通过对 IS 资源的属性——不易模仿性和不易替代性的分析可以得出，具备更高程度不易模仿性和不易替代性的由外而内的 IS 资源和跨越的 IS 资源是在动态能力提升影响关系中的作用都是显著的，而相对易于模仿和易于替代的由内而外的 IS 资源的作用是不显著的。

这对于丰富动态能力视角下 IS 资源的研究有一定意义，同时对于 IS 资源属性的分析和 IS 资源的互补性资源的讨论起到积极作用。

（3）澄清了环境不确定性在 IS 资源与企业动态能力提升过程中扮演的角色的争论

一些学者认为环境不确定性是动态能力的驱动因素,另一些则认为环境不确定性是动态能力与绩效的关系之间的调节变量。本书根据 Baum 和 Wally（2003）、张映红（2008）、李大元（2011）等的观点,将环境不确定性划分为动态性与敌对性两个维度,并分析了其对 IS 资源与动态能力间关系的作用机制,发现环境不确定性是 IS 资源对动态能力影响关系的调节变量。

7.2.2 管理启示

（1）企业可以通过获取和积累 IS 资源提升其动态能力来应对环境不确定性,不同的 IS 资源应有侧重

无论是哪一类 IS 资源,即由外而内的 IS 资源、跨越的 IS 资源和由内而外的 IS 资源对企业来说都具有价值并且稀缺,而且体现出不同程度的不易模仿性和不易替代性。正是不易模仿和不易替代使得企业能够通过这些 IS 资源的应用过程中获取竞争优势,提升其动态能力。而由外而内的 IS 资源和跨越的 IS 资源因为具有更高程度的不易模仿性和不易替代性,因此在对企业动态能力构建与提升的过程中起到显著影响作用,而由内而外的 IS 资源的影响作用则不显著。

因此,作为企业来说,应该更加关注自身的由外而内的 IS 资源和跨越的 IS 资源的获取与积累,才能有助于提升其动态能力应对各种不确定性。

关注由外而内的 IS 资源,意味着企业应该从两方面进行关注与提炼。一方面是外部关系管理,即企业管理 IS 功能与企业外部利益相关者之间联系的能力,很多大型的 IS 部门很大一部分工作依赖外部交易伙伴。这种共同工作及关系的管理是一种导致竞争优势和较优的企业业绩的重要的组织资源。它可以表示为企业与供应商和销售商等供应链上企业联合开发信息系统和信息技术基础设施的能力,或者通过提供解决方案、提供支持或顾客服务从而进行的客户关系管理。另一方面是市场响应,既包括从企业外部收集信息,也包括市场信息在部门间的传递以及组织对信息的响应,因此该项

IS 资源使组织能够不断获取企业所处环境信息在需要时及时对其战略做出调整。

对于跨越的 IS 资源,本书中的含义为关注 IS/业务间关系与 IS 规划和变革管理两项内容。IS/业务间关系代表了信息系统功能与企业内部的各个功能领域或者功能部门间的整合和集成链接的过程。企业通过这些链接可以联系各个职能部门,减少其间的鸿沟和信息孤岛的弊病进而产生优越的竞争潜力和业务绩效,是能够支持企业内部协作的一项重要资源。而 IS 规划与变革管理这项信息系统资源,意味着能够预测企业所处环境变化和对变革进行管理的信息系统应用,为适应变化并能够对新兴技术变革进行管理控制而选用合适的信息系统平台,包括硬件、软件标准和网络等资源。

而对于第三类 IS 资源——本书中的由内而外的 IS 资源,可以具体分为 IS 基础设施、IS 技术技能以及 IS 开发和有成本效益的 IS 运行三项资源,并不能直接或者间接地影响动态能力的提升。IS 基础设施在先前多数研究的描述中不具备稀缺性、容易模仿、易迁移等,所以不会传递出任何特殊的战略利益。IS 技术技能指的是企业信息技术部门人员所拥有的关于系统硬件和软件的适当的、随科技发展而必要进行更新的技能。IS 开发指企业完善已有技术和利用新技术的能力以及企业对新兴技术的敏感性和对新兴技术的迅速采用的水平。有成本效益的 IS 运营则表达了关注运行成本和运行效益的平衡性。现实企业实践中,企业信息化应用实践中,SaaS(软件即服务)、PaaS(平台即服务)等尝试体现了企业对于这一项 IS 资源的重新认识,企业通过购买服务的方式投资自身的 IS 基础设施、关注成本效益的信息系统运行等,而将更多的精力和资金放在构建更加难以被模仿和替代的 IS 资源上,比如构建基于 IS 的外部关系管理与市场响应等。

虽然本书中研究结果表明,由内而外的 IS 资源并不能显著影响企业动态能力的提升,但是如果 IS 基础设施向更加复杂和难以模仿的方向发展;IS 开发更加面向未来需求,即信息系统的企业用户和其利益相关者不断地对业务处理流程、服务等依据数字时代特征提出变更需求，那么由内而外的 IS 资源的不易模仿性和不易替代性也会有所提高，进而对于动态能力或者企业持续竞争优势的建立起到积极作用。

（2）企业应重视 IS 资源的互补性资源——流程融合以提升其动态能力

资源基础观（资源基础观）理论一直注重互补性资源的研究，其认为，资源很少能够独自地扮演创造持续竞争优势的角色，而对于 IS 资源更是如此，IS 资源通常通过与其他的企业资源的互补性作用，如与企业战略、人力资源等的联合从而为企业带来竞争优势。

组织流程融合是指企业协调各部门，从而使其能够和谐运行以达到组织目标，提升绩效和获取持续竞争优势。组织系统需要重组自身的功能部门与业务子系统，从而实现与应急环境、战略和技术等方面的整合统一，进而生存下来并成功获取持续的竞争优势。

本书实证结果表明了流程融合作为 IS 资源与企业动态能力提升影响作用中的中介作用，因此，企业实践中可以通过经常采用流程团队的形式解决问题、赋予跨职能团队更多的职权、给予一线员工更多的授权、企业 IT 规划与战略规划有效整合等方式从结构流程融合、IT 流程融合和战略流程融合等角度发展企业自身流程融合的程度。

（3）正确认识环境不确定性的影响

本书研究结果表明，环境不确定性，无论是环境动态性还是环境敌对性因素，在 IS 资源对企业动态能力影响作用、流程融合对动态能力的影响作用和 IS 资源对流程融合的影响作用中都是起到正向调节作用。

也就是说，环境越是动荡、越是敌对的条件下，如行业产品/服务更新速度加快、竞争者行为难以预测、顾客需求不断变化、竞争者行为多样化时，企业越应该重视 IS 资源的获取与凝练，此时 IS 资源对于企业动态能力提升的积极影响作用将能更显著体现。

7.3 研究局限与展望

受限于研究时间和研究者本人的业务能力以及实证研究过程中各种相关具体资源获取的限制，本书研究内容存在一些局限性和不少可以加以扩展的内容及可能的后续研究方向，在此一并指出。

（1）本书尝试从企业信息化、IS资源角度研究不确定环境下企业动态能力提升的问题，但还有部分研究问题有待深入。比如，IS资源对于动态能力促进作用的具体机制，每一项IS资源对于动态能力的每一个维度是如何起作用的等方面仍需要进一步分析。

此外，本书中对于IS资源的互补性资源仅提出流程融合这一变量的影响，那是否还存在其他的互补性资源，作用如何，是后续研究的方向之一。

（2）文中提出的动态能力概念体系仅指出各项维度之间可能存在的关系，结合生存系统模型理论的指导，该动态能力体系具体是如何演进发展的。而且无论是动态能力还是本书中提到的IS资源属性的分析，都是关注企业持续竞争优势的，因此采用纵向的长期的数据追踪方法分析不同属性的IS资源对于动态能力系统的提升的影响作用以及动态能力系统长期的演化规律也是未来研究的重要方向。

（3）对于文中使用的问卷调查的研究方法，存在自身的局限。一方面对于获取数据的样本数据与通过随机抽样的方式获取国内企业和组织的数据在样本代表性上表现略差。本研究过程中通过对调查对象较精心设置和安排，使样本能够体现相对的代表性。另一方面，本研究中样本采集关注的地区较为集中在山东省和周边的部分地区，样本的广泛性方面仍需要进一步加强。

参考文献

[1] Amit,R.Schoemaker,P.J.H.Strategic assets and organizational rents[J]. Strategic Management Journal,1993(14):33-46.

[2] Anand,N.,Daft,R..What is the right organization design?[J] Organizational Dynamics, 2007, 36(4):329–344.

[3] Anurag Jain.Towards a Systemic View of Organizational Dynamic IT Capability: An Empirical Assessment[D].The University of Texas at Arlington, 2007, 5.

[4] Barney,J."Firm Resources and Sustained Competitive Advantage,"Journal of Management (MA),1991,pp.99-120.

[5] Baron R.,Kenny D.The Moderator-mediator Variable Distinction in Social Psychological Research: Conceptual, Strategic and Statistical Consideration[J]. Journal of Personality and Social Psychology, 1986, (51): 1173-1182.

[6] Barton. D.L.Core Capability and Core Rigidities:a Paradox in Managing New Product Development[J].Strategic Management Journal,1992(13):111-125.

[7] Baum, J.R. and Wally,S.Strategic decision speed and firm performance [J].Strategic Management Journal,2003, 24(11): 1107-1129.

[8] Beer S.Ten pints of Beer: the rationale of Stafford Beer's cybernetic books(1959-94)[J].The International Journal of

Systems&Cybernetics.2000,29(5): 558-572.

[9]Bharadwaj,A.S."A Resource-Based Perspective on Information Technology Capability and Firm Performance: An Empirical Investigation,"MIS Quarterly (24:1), 2000, pp. 169-196.

[10]Browne, M. W., Cudeck, R. Alternative ways of assessing model fit. In K. A. Bollen & J. S. Long (Eds.), Testing structural equation models. Newsbury Park, CA: Sage, 1993: 136-162.

[11]Churchill G. A paradigm for developing better measures of marketing constructs[J]. Journal of Marketing Research,1979, 16(1):64-73

[12]Clemons, E. K., and Row, M. C."Sustaining IT Advantage: The Role of Structural Dif ferences,"MIS Quarterly (15:3), 1991, pp. 275 292.

[13]Daft, R. L., Sormunen, J., Parks, D. Chief excutive scanning, environmental characteristics, and company performance: an empirical study [J]. Strategy management journal, 1998,9(2): 123-139.

[14]Day,G. "The Capabilities of Market-Driven Organizations,"Journal of Marketing (58:4), 1994, pp. 37-52.

[15]Dess, G. G., Beard, D. W. Dimensions of organizational task environments [J]. Administrative science quarterly, 1984,29(1): 52-73.

[16]Doherty N. F., Terry M. The role of IS capabilities in delivering sustainable improvements to competitive positioning [J]. 2009 (18): 100–116.

[17]Duncan, R. B. Characteristics of organizational environment and perceived environmental uncertainty [J]. Administrative science quarterly, 1972,19(3): 313-327.

[18]Dunn S. C, Seaker R. F, Waller M. A. Latent variables in business

logistics research: Scale development and validation[J]. Journal of Business Logistics, 1994, 15(2):145-172.

[19]Eisenhardt K, Martin J. Dynamic Capabilities: What Are They? [J]. Strategic Management Journal, 2000, 21: 1105-1121.

[20]Espejo R., Bowling D., Hoverstadt P.. The viable system model and the Viplan software [J]. Kybernetes, 1999, 28(6/7): 661-678.

[21]Feeny, D. F., and Ives, B."In Search of Sustain ability: Reaping Long-Term Advantage from Investments in Information Technology," Jour nal of Management Information Systems (7:1), 1990, pp. 27-46.

[22]Gordon J. R.M., Lee P. M., Lucas H. C. A resource-based view of competitive advantage at the Port of Singapore [J]. Journal of Strategic Information Systems, 2005(14): 69–86.

[23]Hall, M. Alignment of the organization to increase performance results [J]. Public Manager, 2002, 31(2): 7–10.

[24]Helfat, C. E., Finkelstein, S., Mitchell, W., Peteraf, M. A., Singh, H., Teece, D. J., &Winter, S. G. Dynamic capabilities: Understanding strategic change in organizations[J].London: Blackwell. 2007.

[25]Helfat C E, Peteraf M A. Managerial cognitive capabilities and the micro-foundations of dynamic capabilities [J]. Strategic management journal, 2015,36(6): 831-850.

[26]Hung Richard Yu Yuan, Baiyin Yang, Bella Ya-Hui Lien, Gary N. McLean, Yu-Ming Kuo. Dynamic capability: Impact of process alignment and organizational learning culture on performance[J]. Journal of World Business, 2010(45): 285–294.

[27]Ilídio Barreto. Dynamic Capabilities: A Review of Past Research and an Agenda for the Future[J]. 2010,36:256-280.

[28]Jackson M.C.Systems approaches to management [M]. Kluwer/Plenum, New York. 2000.

[29]Kogut, B. Zander, U. Knowledge of the firm, combinative capabilities, and the replication of technology[J]. Organization Science, 1992(3): 383-397.

[30]Lawrence, P.R., Lorsch, J.W. Organization and environment [M]. Boston: Harvard Business School, 1967.

[31]Lee J., Lee K., Rho S. An evolutionary perspective on strategic group emergence: a genetic algorithm-based model [J]. Strategic Management Journal, 2002, 23: 727–746.

[32]Lee O.K., Lim K.H., Wei K. K. IT-Enabled Dynamic Capability Creation: A Perspective on Exploitative vs. Explorative IT Utilization [C]. The Tenth Pacific Asia Conference on Information Systems (PACIS), 2006: 727-740.

[33]Lee,J., Lee, K.and Rho, S.An evolutionary perspective on strategic group emergence: a geneticalgorithm-based model[J]. Strategic Management Journal, 2002, 23: 727–746.

[34]LUO Y, Dynamic capabilities in international expansion [J]. Journal of World Business. 2000, 35(4): 355-378.

[35]Mahoney, J. T., and Pandian, R. "The Resource Based View Within the Conversation of Stra tegic Management," Strategic Management Journal (13), 1992, pp. 363-380.

[36]March, J.G., Simon, H. A. Organizations [M]. New York: McGraw-Hill, 1958.

[37]Mata, F. J., Fuerst, W. L., and Barney, J. B."Information Technology and Sustained Com petitive Advantage: A Resource-Based Analy sis,"MIS Quarterly (19:4), 1995, pp. 487-505.

[38]Miller, D., Friesen, P. H. Strategy-making and environment [J]. Strategy management journal, 1983,4(3): 221-231.4-16.

[39]Milliken, F. J.Three types of perceived uncertainty about the environment: state, effect, and response uncertainty [J]. Academy

of management review, 1987, 12(1): 133-143.

[40] Paul A Pavlou, Omar A El Sawy. From IT Leveraging Competence to Competitive Advantage in Turbulent Environments: The Case of New Product Development [J]. Information Systems Research, 2006, 9(3): 198-227.

[41] Penrose. The Theory of the Growth of the Firm [M]. Oxford:Blackwell.1959

[42] Peteraf, M. A."The Cornerstones of Competitive Advantage: A Resource-Based View,"Stra tegic Management Journal (14), 1993, pp. 179 191.

[43] Podsakoff P. M., Organ D. W., Self-reports in organizational research: problems and prospects [J]. Journal of management, 1986, 12 (4): 531-544.

[44] Powell, T. C, and Dent-Micallef, A."Information Technology as Competitive Advantage: The Role of Human, Business, and Technology Resources,"Strategic Management Journal (18:5), 1997, pp. 375-405.

[45] Prahalad, C. K., G. Hamel. The core competence and the corporation[J].Harvard Business Review, 1990(5):71-91.

[46] Protogerou A., Caloghirou Y. Lioukas S., Inside the 'black box' of dynamic capabilities: defining and analysing their linkages to functional competences and firm performanceR[C]. DRUID Tenth Anniversary Summer Conference. Copenhagen, Denmark, 2005.

[47] Robbins, S.P., Management [M]. Beijing:Tsinghua University Press.1997.

[48] Rosenbusch, N., Rauch A. Bausch, A. The mediating role of entrepreneurial orientation in the task environment-performance relationship: a meta-analysis [J]. Journal of management, 2011: 1-27.

[49]Ross, J. W., Beath, C. M., and Goodhue, D. L." Develop Long-term Competitiveness Through IT Assets,"Sloan Management Review (38:1), 1996, pp. 31-42.

[50]Sabherwal, R., Hirschheim, R., & Goles, T. The dynamics of alignment: Insights from a punctuated equilibrium model [J]. Organization Science, 2001, 12: 179–197.

[51]Sabherwal, R., Hirschheim, R., & Goles, T. The dynamics of alignment: Insights from a punctuated equilibrium model [J]. Organization Science, 2001, 12: 179–197.

[52]Sambamurthy V., Bharadwaj A., Grover V. Shaping Agility through Digital Options: Reconceptualizing the Role of InformationTechnology in Contemporary Firms [J]. MIS Quarterly, 2003, 27(2): 237-263.

[53]Sanchez, R., Heene, A., and Thomas, H. Intro duction: Towards the Theory and Practice of Competence-Based Competition, Pergamon Press, Oxford, 1996.

[54]Santhanam, R., and Hartono, E. "Issues in Linking Information Technology Capability to Firm Performance,"MIS Quarterly (27:1), 2003, pp. 125-153.

[55]Schwaninger M.. Design for viable organizations: the diagnosis power of the viable system model [J]. Kybernetes, 2006, 35(7/8): 955-966.

[56]Schwarz A., Kalika M., Kefi H., Schwarz C. A Dynamic Capabilities Approach to Understanding the Impact of IT-Enabled Businesses Processes and IT-Business Alignment on the Strategic and Operational Performance of the Firm [J]. Communications of the association for information systems, 2010, 26: 57-84.

[57]Semler, S. W.. Systematic agreement: A theory of organizational alignment [J]. Human Resource Development Quarterly, 1997(8):

23-40.

[58]Sharfman, M.P., Dean, J. W. Conceptualizing and measuring the organizational environment: a multidimensional approach [J]. Journal of management, 1991,17(4): 681-700.

[59]Sher P. J., Lee V. C. Information technology as a facilitator for enhancing dynamic capabilities through knowledge management [J]. Information & Management. 2004 (41): 933–945.

[60]Shimp T. A., Sharma S., Consumer ethnocentrism construction and validation of the CETSCALE [J]. Journal of Marketing Research, 1987, 27(8): 280-289.

[61]Subba B. The network as knowledge: Generative rules and the emergence of structure[J]. Strategic Management Journal Special Issue, 2001(45):405-425.

[62]Suzanne Rivard, Louis Raymond, David Verreault. Resource-based view and competitive strategy: An integrated model of the contribution of information technology to firm performance [J]. Journal of Strategic Information Systems. 2006 (15): 29–50.

[63]Teece D J, Pisano G. The dynamic capability of firm: An introduction[J]. Industrial and Corporate Change, 1994,3(3): 537-556.

[64]Teece D. J. Explicating dynamic capabilities: The nature and microfoundations of (sustainable) enterprise performance [J]. Strategic Management Journal, 2007, 28: 1319-1350.

[65]Teece D.J. Dynamic Capabilities and Strategic Management[J]. Strategic Management Journal, 1997, 18(7): 509-533.

[66]Véronique Ambrosini1&Cliff Bowman. What are dynamic capabilities and are they a useful construct in strategic management? [J]. International Journal of Management Reviews, 2009,11:29-49.

[67]Volberda, H. W."Toward the Flexible Firm: How to Remain Vital in Hypercompetitive Environ ments," Organization Science (7:4), 1996, pp. 359-374.

[68]Wade M. and Hulland J. Review: The Resource-Based View and Information Systems Research: Review, Extension, andSuggestions for Future Research, MIS Quarterly, 2004,28(1), pp. 107-142.

[69]Wang C. L. and Ahmed P. K. Dynamic capabilities:A review and research agenda. International Journal of Management Reviews, 2007,9(1), pp.31-51.

[70]Weiser, J. R. Organizational alignment: Are we heading in the same direction? [J]The Kansas Banker, 2000, 90(1): 11–15.

[71]Wheeler, B. C. NEBIC: A dynamic capabilities theory for assessing net-enablement [J]. Information Systems Research, 2002, 13(2): 125-146.

[72]Winter, S. G.Understanding dynamic capabilities[J].Strategic Management Journal, 2003.24: 991-995.

[73]Wu F., Yeniyurt S., Kim D.,Cavusgil S. T. The impact of information technology on supply chain capabilities and firm performance: A resource-based view [J]. Industrial Marketing Management. 2006(35): 493 – 504.

[74]Zahra S A, SapienzaH J, Davidsson P.Entrepreneurship and dynamic capabilities: a review, model and research agenda [J].Journal of Management Studies, 2006, 43(4): 917-955.

[75]Zahra, S.A. and George, G. Absorptive Capacity: A Review, Reconceptualization, and Extension [J]. Academy of Management Review, 2002 (27): 185-203.

[76]Zhang M. J. IS Support for Top Managers'Dynamic Capabilities, Environmental Dynamism, and Firm Performance: An Empirical Investigation [J]. Journal of Business and Management. 2007,13(1):

57-77.

[77]Zollo M, Winter S G. Deliberate learning and the evolution of dynamic capabilities [J]. Organization Science, 2002, 13(3): 339-351.

[78]Zott.C. Dynamic Capabilities and the Emergence of Intraindustry Differential Firm Performance: Insights from a Simulation Study [J]. Strategic Management Journal, 2003.24(2):97-125.

[79]Michael C. Jackson 著；高飞，李萌译. 系统思考—适于管理者的整体论 [M]. 中国人民大学出版社，2005（3）.

[80]Nelson, R.P., Winter, S.G. 经济变迁的演化理论 [M]. 北京：商务印书馆，1997.

[81]Robert L. Flood, Michael C. Jackson. 创造性解决问题——全面系统干预 [M]，杨建梅，庄东，陈安琪等译. 上海科技教育出版社，2008.1.

[82] 毕新华，张鹤达. 企业 IT 能力的构成及其作用机理研究 [J]. 现代管理科学，2008（5）：28-29.

[83] 曹红军，赵剑波，王以华. 动态能力的维度：基于中国企业的实证研究 [D]. 科学学研究，2009，27（1）：36-44.

[84] 陈志军，徐鹏，唐贵瑶. 企业动态能力的形成机制与影响研究——基于环境动态性的调节作用 [J]. 2015，29（5）：59-62, 86.

[85] 程兆谦，徐金发. 资源观理论框架的整理. 外国经济与管理 2002，24（7）：6-13.

[86] 杜俊义，熊胜绪，王霞. 中小企业动态能力对创新绩效的影响——基于环境动态性的调节效应 [J]. 科技管理研究，2017（1）：25-31.

[87] 付丙海，谢富纪，韩雨卿，李婧媛. 动态能力一定会带来创新绩效吗？[J]. 科学学与科学技术管理，2016，37（12）：41-52.

[88] 贺小刚,李新春,方海鹰. 动态能力的测量与功效:基于中国经验的实证研究 [J]. 管理世界, 2006 (3): 94-103, 113.

[89] 黄江圳,谭力文. 从能力到动态能力:企业战略观的转变 [J]. 经济管理, 2002 (22): 115-119.

[90] 黄俊,王钊,白硕等. 动态能力的测度:基于国内汽车行业的实证研究 [J]. 管理评论, 2010, 22 (1): 77.

[91] Trice A.W, Treacy M.E. Utilization as a dependent variable in MIS research[C]. In Proceedings of the Seventh International Conference on Information Systems, 1986: 247-257.

[92] 简兆权,王晨,陈健宏. 战略导向、动态能力与技术创新:环境不确定性的调节作用 [J]. 研究与发展管理, 2015, 27 (2): 65-76.

[93] 焦豪,魏江,崔瑜. 企业动态能力构建路径分析:基于创业导向和组织学习导向 [J]. 管理世界, 2008 (4): 91-106.

[94] 李大元. 不确定环境下的企业竞争优势:基于战略调适能力的视角 [D]. 浙江大学, 2008.

[95] 李大元,项保华,陈应龙. 企业动态能力及其功效:环境不确定性的影响 [J]. 南开管理评论, 2009, 12 (6): 60-68.

[96] 李大元. 不确定环境下基于动态能力的企业持续竞争优势研究 [M]. 北京: 经济科学出版社, 2011.9.

[97] 李兴旺,王迎军. 企业动态能力理论综述与前瞻 [J]. 当代财经, 2006 (10): 103-107.

[98] 林萍. 动态能力的测量及作用:来自中国企业的经验数据 [J]. 中南大学学报(社会科学版), 2009, 15 (4): 534-540.

[99] 刘磊磊. 基于竞合互动视角的企业动态能力形成及作用机制研究 [D]. 浙江大学博士学位论文, 2008.

[100] 罗斌. 高新技术企业动态能力研究 [D]. 北京交通大学硕士学位论文, 2007.

[101] 罗珉,刘永俊. 企业动态能力的理论架构与构成要素 [J]. 中

国工业经济, 2009 (1): 75-86.

[102] 马卫东, 曹亚, 游玲杰. 动态能力、开拓能力与组织绩效关系研究——基于苏北地区企业的实证分析 [J]. 湖北社会科学, 2012 (11): 80-84.

[103] 孟晓斌. 国际创业背景下中小企业组织动态能力及其绩效机制研究 [D]. 浙江大学, 2008.

[104] 齐险峰, 蓝伯雄. IT 资源与持续竞争优势——基于企业资源观的述评 [J]. 清华大学学报 (自然科学版), 2006, 46(S1): 930-935.

[105] 秦玮, 徐飞. 基于演化视角的企业动态能力构成维度研究 [J]. 现代管理科学, 2010 (5): 15.

[106] 谭滔. 动态能力视角下 IT 能力对企业持续竞争优势的作用机理研究 [D]. 中南大学, 2007.

[107] 王东清, 罗新星. 基于能力观的企业 IT 能力阶层概念模型的构建研究 [J]. 科技管理研究, 2009 (7): 425-428.

[108] 王铁骊, 赢阳. 复杂环境下动态能力的内涵探析 [J]. 生产力研究, 2008 (15): 137-149.

[109] 褚燕. 企业信息系统与其互补资源的互动关系及价值研究 [D]. 复旦大学, 2008.

[110] 董小英, 李芳芳, 鄢凡, 刘倩倩, 尹德志. 我国企业CIO在信息化建设中的角色: 基于Q方法的研究 [J]. 信息系统学报, 2008, 2 (2): 10-20.

[111] 王文超, 黄江圳. 基于知识的动态能力维度与功能研究 [J]. 生产力研究, 2006 (8): 218-221.

[112] 方治国. 基于企业能力的企业信息化实施研究 [D]. 合肥工业大学硕士学位论文, 2008.

[113] 戚桂杰, 张振森. 资源基础观与动态能力观在信息系统领域的应用研究述评 [J]. 情报杂志. 2011, 30 (9): 96-101.

[114] 吴明隆. 结构方程模型——AMOS 的操作与应用 [M]. 重庆：重庆大学出版社，2009.7.

[115] 徐海波. 核心动态能力与企业竞争优势——对浙江省软件产业的实证研究 [D]. 浙江大学硕士学位论文，2006.

[116] 杨道箭，齐二石. 基于资源观的企业IT能力与企业绩效研究 [J]. 管理科学，2008，21（5）：37-45.

[117] 杨水利，李韬奋，党兴华，单欣. 组织学习动态能力与企业绩效之间关系的实证研究 [J]. 运筹与管理，2009，18（2）：155 — 161.

[118] 易建华. 基于知识转移的企业动态能力培育研究 [D]. 西华大学硕士学位论文，2008.

[119] 殷国鹏，陈禹. 基于资源观的企业IT能力理论及实证研究 [J]. 南开管理评论，2007，10(1)：26-31.

[120] 俞枫. 以动态能力为中介的信息技术驱动的企业战略转型研究 [D]. 同济大学，2008.

[121] 曾萍，宋铁波，蓝海林. 环境不确定性、企业战略反应与动态能力构建 [J]. 中国软科学，2011（12）：128-140.

[122] 张嵩，黄立平. 信息技术如何创造持续竞争优势——一种基于资源的观点 [J]. 管理工程学报，2003，17(3)：108-110.

[123] 张嵩，黄丽华. 信息技术竞争价值两种观点的比较研究 [J]. 研究与发展管理，2006，18(3)：85-92.

[124] 张映红. 动态环境对公司创业战略与绩效关系的调节效应研究 [J]. 中国工业经济，2008，（1）：105-113.

[125] 张振森. 基于生存系统模型的企业动态能力与维度分析 [J]. 统计与决策，2016（1）：176-178.

[126] 张振森，戚桂杰. 基于信息系统资源的企业动态能力提升研究 [J]. 科技管理研究. 2016,36（12）：187-191.

[127] 赵兴庐，徐骏辉，张建琦. 动态能力影响企业绩效的路径建模研究——不同动荡环境的对比分析 [J]. 技术经济与管理研

究，2017（1）：3-7.

[128] 郑大庆，黄丽华. 动态能力理论在信息系统领域的应用 [J]. 科技导报，2006，24（9）：66-68.

[129] 郑大庆，黄丽华，张嵩，易元东. 信息系统（IS）能力与企业竞争优势研究——基于动态能力理论（动态能力理论）视角·软科学，2006，20（5）：113-117.

[130] 郑刚，颜宏亮，王斌. 动态能力的构成维度及特征研究 [J]. 科技进步与对策，2007（3）：90-93.

[131] 钟国梁. 基于信息技术能力的企业动态能力构建研究 [J]. 四川大学学报（哲学社会科学版），2009（1）：131-135.

附 录

基于信息系统资源的企业动态能力研究调查问卷

尊敬的女士／先生：

您好！感谢您在百忙之中抽出时间参与本次问卷调查。

当前市场环境瞬息万变，企业应该如何培养动态能力（即企业快速察觉内外环境变化，进行战略决策更新并高效执行的能力）？企业的信息系统（IS）资源（即企业探测市场机会和威胁并做出响应过程中可用的信息化资产与能力）是否能够促进企业动态能力的提升？这些影响是如何起作用的？等等这些问题值得学术界和企业界认真思考。本问卷就是为解答此类命题而设立，烦请您不辞辛劳，在百忙中完成调研。

我们承诺：本调研为匿名填写，不涉及公司内部机密，贵企业提供的所有信息都将严格保密，仅供研究使用；同时承诺不向任何第三方公布贵企业所提供的信息。

作为对您百忙之中填写问卷的回报，如您需要，我们将免费提供一份调研报告（通过电子邮件发送）。

为确保您及时收到反馈报告，请留下您的电子信箱（E-mail）：

感谢您的合作与支持！

一、贵企业基本资料

1. 贵企业名称
2. 企业性质

A. 国有企业　B. 集体企业　C. 民营企业　D. 三资企业　E. 其他

3. 企业年龄

A. 5年及以下 B. 6～10年 C. 11～15年 D. 16～20年 E. 21年及以上

4. 企业规模（

A. 50人及以下 B. 51～100人 C. 101～500人 D. 501～1000人 E. 1000人以上

5. 企业主要业务所属产业

A. 高科技 B. 传统制造 C. 建筑/房产 D. 商贸/服务 E. 其他

注：高科技是指计算机/软件/网络/电信/通信/电子/生物制药/高分子/化工等产业；传统制造是指机械/设备/仪表/纺织/建材等产业；商贸/服务是指运输仓储/金融/保险/创意/娱乐/会务/会展/旅游/餐饮/教育等产业。

二、测量项目

以下均为单选题，请根据您所在企业实际情况，选择对以下表述的认同程度，在强烈不同意（1分）和强烈同意（5分）之间选择合适的分值，在数字处标记"√"。

	测量项目	强烈不同意	不同意	中立	同意	强烈同意
	（一）以下语句描述企业所拥有的信息系统IS资源，及其是否易于被模仿或者被替代，请按企业实际情况评估您的认同程度					
1	企业具有管理IS功能与外部利益相关者之间的联系的能力，如进行IS开发时兼顾供应商与客户的需求特性	1	2	3	4	5
	1.1 竞争者可以轻易模仿该项IS资源	1	2	3	4	5
	1.2 竞争者可以轻易找到该项IS资源的替代资源	1	2	3	4	5
2	企业可以通过IS应用从外部获取信息并使其在部门间有效地传递，进而快速、主动响应市场变化	1	2	3	4	5
	2.1 竞争者可以轻易模仿该项IS资源	1	2	3	4	5
	2.2 竞争者可以轻易找到该项IS资源的替代资源	1	2	3	4	5

	测量项目	强烈不同意	不同意	中立	同意	强烈同意
3	企业的IS开发计划与企业需求相吻合，与各职能部门的计划整合一致	1	2	3	4	5
	3.1 竞争者可以轻易模仿该项IS资源	1	2	3	4	5
	3.2 竞争者可以轻易找到该项IS资源的替代资源	1	2	3	4	5
4	企业具有预见未来变革，并据此选择合适的系统平台（含硬件、软件与网络平台）的能力	1	2	3	4	5
	4.1 竞争者可以轻易模仿该项IS资源	1	2	3	4	5
	4.2 竞争者可以轻易找到该项IS资源的替代资源	1	2	3	4	5
5	企业具有有效的硬件、软件和通信平台以实现信息共享的能力	1	2	3	4	5
	5.1 竞争者可以轻易模仿该项IS资源	1	2	3	4	5
	5.2 竞争者可以轻易找到该项IS资源的替代资源	1	2	3	4	5
6	企业员工可以通过硬件、软件和通信平台的应用高效完成工作	1	2	3	4	5
	6.1 竞争者可以轻易模仿该项IS资源	1	2	3	4	5
	6.2 竞争者可以轻易找到该项IS资源的替代资源	1	2	3	4	5
7	企业对IS相关的新兴技术与趋势保持敏感性，具有快速利用新技术的能力	1	2	3	4	5
	7.1 竞争者可以轻易模仿该项IS资源	1	2	3	4	5
	7.2 竞争者可以轻易找到该项IS资源的替代资源	1	2	3	4	5
8	企业具有通过IS运行提高效率、降低成本的能力	1	2	3	4	5
	8.1 竞争者可以轻易模仿该项IS资源	1	2	3	4	5
	8.2 竞争者可以轻易找到该项IS资源的替代资源	1	2	3	4	5
（二）以下语句描述企业所处环境的不确定性，请按企业实际情况评估您的认同程度						
1	本行业的产品或服务更新很快	1	2	3	4	5
2	竞争者行为很难预测	1	2	3	4	5
3	本行业的技术进步很快	1	2	3	4	5
4	顾客需求的变化情况很难预测	1	2	3	4	5
5	竞争强度越来越激烈	1	2	3	4	5
6	顾客要求越来越高	1	2	3	4	5
7	我们所需的资源越来越难获取	1	2	3	4	5
8	供应商力量越来越强大	1	2	3	4	5
9	竞争者行为越来越多样化	1	2	3	4	5

续 表

测量项目	强烈不同意	不同意	中立	同意	强烈同意
（三）以下语句描述信息系统应用与企业流程融合的状况，请按企业实际情况评估您的认同程度					
1 企业经常采用跨部门团队的形式来解决重要问题	1	2	3	4	5
2 跨职能团队在日常决策中拥有比部门经理更多的权威	1	2	3	4	5
3 管理任务更多地委派（授权）给一线员工	1	2	3	4	5
4 整合良好的信息系统覆盖企业各个职能部门	1	2	3	4	5
5 信息系统应用能有效促进业务运作和流程改善	1	2	3	4	5
6 企业的IT规划与企业的业务战略有效整合	1	2	3	4	5
7 组织战略制订是基于顾客的需求	1	2	3	4	5
8 组织核心流程对于战略计划的制订具有重要影响	1	2	3	4	5
9 组织战略计划流程确实促进了信息共享和跨职能的协作	1	2	3	4	5
（四）以下语句描述企业动态能力，请按企业实际情况评估您的认同程度					
1 企业能够准确分析出环境变化带来的机会与威胁	1	2	3	4	5
2 企业能够有效整合所获取的企业内外部新信息与现有经验	1	2	3	4	5
3 企业能够及时制订适应环境变化的战略	1	2	3	4	5
4 企业能够有效识别、评价新信息和新知识	1	2	3	4	5
5 企业能够高效吸收有价值的新信息和新知识	1	2	3	4	5
6 企业能够结合获取的新信息、新知识与现有知识，形成新的组织知识	1	2	3	4	5
7 企业能够实现在组织中高效地共享信息和知识	1	2	3	4	5
8 企业能够根据环境需求，有效调整企业核心与非核心业务	1	2	3	4	5
9 企业能够根据环境需求，快速释放不再提供竞争优势的资源	1	2	3	4	5
10 企业能够根据环境需求，及时调整经营规模	1	2	3	4	5
11 企业能够根据环境变化协调与供应商的合作	1	2	3	4	5
12 企业能够根据环境变化处理与政府部门的关系	1	2	3	4	5
13 企业能够根据环境变化处理与顾客的关系	1	2	3	4	5
14 企业能够根据环境变化对自身的经营策略进行恰当的调整（如在各个区域市场的部署）	1	2	3	4	5
15 企业能够根据环境变化协调各部门间的关系	1	2	3	4	5

续 表

	测量项目	强烈不同意	不同意	中立	同意	强烈同意
16	企业能够根据竞争环境变化的要求,从外部获取树立竞争优势的资源	1	2	3	4	5
17	企业能够根据竞争环境变化的要求,整合已有资源和处置闲置资源	1	2	3	4	5
18	企业能够根据具体业务需要协调各部门人力资源的配置	1	2	3	4	5

问卷结束,请再次检查是否有遗漏,衷心感谢!祝您万事顺意!祝贵公司基业长青!

后 记

本书是我在博士学位论文的基础上修改而成的,也是由我承担的山东省社科联人文社会科学课题及作为骨干成员参与完成的国家社会科学基金项目"基于和谐信息化及复杂系统视角的企业动态能力构建"的研究成果之一。本书同时受"十三五"山东省高等学校人文社会科学研究平台——智慧城市建设管理研究中心(新型智库)支持出版。

特别感谢我的导师戚桂杰教授在本书研究过程中给予的指导与帮助。求教于戚老师其实是已经长达十几年的时间了,从大学到硕士研究生阶段,我一直是戚老师的学生,之后参加工作仍然经常从导师处获取各种学术、生活上的教导。非常荣幸能够在攻读博士期间,更加领略戚老师宽厚而又清正的处世风格以及严谨而又笃定的学术态度。本书确定选题之后,一次次的思路狭窄、迷茫,都是在戚老师的启发下豁然开朗,最终才能坚持完成。从治学态度到学术思维,以及更重要的为人处世之道,感谢恩师给予我的宝贵精神财富。